工藤公康 配球とは

著 工藤公康

はじめに

野球の面白さの一つにバッテリー対打者という対決があります。試合中はこの攻防が最も多く、そこには必ず心理戦があり、そこからドラマが生まれます。「勝ちの7～8割がバッテリーで決まる」と言われて注目されますが、実は「考え」や「プレッシャーに対しての心の動き」といった心理戦がいかに重要であるかは、あまり伝わっていないように感じています。

私自身、配球を知ることや学ぶことで見えなかったことが見えるようになり、知らなかったことを知ることによって、心理戦を優位に進めることができました。そして勝つ確率が上がりました。こうした配球や心理戦を通して、野球の面白さをより知ってもらいたいと考え、本書を執筆するにいたりました。

人と人が戦い、勝利を競い合う場面では、必ず目には見えない心理戦が繰り広げられます。そして野球とは、この心理戦が結果に直結するのだと考えています。日本のプロ野球はセ・リーグ6球団、パ・リーグ6球団の合計12球団しかありません。そして日本のプロ野球の特徴として、シーズンの戦いがリーグ戦であることや１４３試合を戦う中でリーグごとに優勝が決まることが挙げられます。また交流戦を除き、各チームと25試合ずつ戦うこともあります。先発投手は多い時で同じチームとの試合に6、7回登板し、同じ打者と20～25回程度の対戦をします。さらに一流選手になるとこの戦いが10年や15年も続きます。そこで同じ配球を繰り返していれば必ず打たれてしまい、多少の変化であればすぐに研究されて対応されてしまいます。そこで必要になるのが打たれない考えであり、それが心理戦と言えます。

近年の野球を見ていると、投手のコントロールよりも球威に目がいってしまい、最も大切なコントロールの重要性が低下しているように感じます。そのことにより、「配球で抑える」ことよりも「球威で抑える」「球威で打ち取る」といったことが増えているように思います。それに加えて「頭の整理ができない」「考えすぎると投げることに集中できない」などから配球を知ろうとしたり、学ぼうとしなくなっている選手が多いのではないでしょうか。

球威があるのは若い時だけです。年齢を重ねれば球威は落ち、相手に球種や球道が丸裸にされます。そうなると打たれることが増え、悩むようになり、長く野球が続けられなくなります。まるで花火のような野球人生になってしまうことがとても残念でなりません。こうならないためにも配球を学び、コントロールを身につけ、長く野球を続けてもらいたいと思います。また投手だけでなく捕手においても同じことが言えますが、この点については本文で詳しく触れたいと思います。

近年のパ・リーグはどの球団にも優勝のチャンスがあります。勝つためになりふりかまっていられないため、勝ちにこだわる傾向が強くなっています。その結果、組織作りやチーム作りに重きを置くことが多くなっているように思います。ですが選手たちの成長に長い時間をかけ、失敗から学び行動に繫《つな》げることができる環境作りも必要ではないでしょうか。「育てながら勝つ」ことは至難の業だと思います。けれども本当の意味で配球やリードを理解した人が教えることができれば、勝因の7～8割がバッテリーと言われる野球では、試合に勝ちながら選手たちを育てることができるのではないでしょうか。

打者は打席での反応や仕草、タイミングの取り方、スイングの軌道などを考えて練習しますが、練習で培ったことしか試合では発揮できません。そのため打者にはタイプ別の傾向が生まれ、タイプによって打てるコースや球種が生まれます。そのことを知れば、打者を抑える確率を上げることができます。現在指導に関わっている方々は、ぜひそのことをご理解いただき、選手たちに伝えてもらいたいと思います。

本書は４つの章で構成しました。配球を通じてバッテリーの重要性を改めて知っていただけたら幸いです。そして、読者の方に今以上に楽しみながら野球と接していただけたら、本当に嬉しいです。

工藤公康

第2章　扇の要 …… 53

「配球に100%はない」

　野球において、何通りのシチュエーションがあるかご存じだろうか？

　ここに掲載した表は、アウトカウントとランナーの状況別のカウントの表である。1つのシチュエーションで12種類のカウント（ボールとストライク）が考えられ、それが24通りある。さらにここに「イニング」「点差」「得点した後」「得点され

0アウトランナー3塁			
B-S	B-S	B-S	B-S
0-0	1-0	2-0	3-0
0-1	1-1	2-1	3-1
0-2	1-2	2-2	3-2
1アウトランナー3塁			
B-S	B-S	B-S	B-S
0-0	1-0	2-0	3-0
0-1	1-1	2-1	3-1
0-2	1-2	2-2	3-2
2アウトランナー3塁			
B-S	B-S	B-S	B-S
0-0	1-0	2-0	3-0
0-1	1-1	2-1	3-1
0-2	1-2	2-2	3-2
0アウトランナー満塁			
B-S	B-S	B-S	B-S
0-0	1-0	2-0	3-0
0-1	1-1	2-1	3-1
0-2	1-2	2-2	3-2
1アウトランナー満塁			
B-S	B-S	B-S	B-S
0-0	1-0	2-0	3-0
0-1	1-1	2-1	3-1
0-2	1-2	2-2	3-2
2アウトランナー満塁			
B-S	B-S	B-S	B-S
0-0	1-0	2-0	3-0
0-1	1-1	2-1	3-1
0-2	1-2	2-2	3-2

0アウトランナー2塁			
B-S	B-S	B-S	B-S
0-0	1-0	2-0	3-0
0-1	1-1	2-1	3-1
0-2	1-2	2-2	3-2
1アウトランナー2塁			
B-S	B-S	B-S	B-S
0-0	1-0	2-0	3-0
0-1	1-1	2-1	3-1
0-2	1-2	2-2	3-2
2アウトランナー2塁			
B-S	B-S	B-S	B-S
0-0	1-0	2-0	3-0
0-1	1-1	2-1	3-1
0-2	1-2	2-2	3-2
0アウトランナー2・3塁			
B-S	B-S	B-S	B-S
0-0	1-0	2-0	3-0
0-1	1-1	2-1	3-1
0-2	1-2	2-2	3-2
1アウトランナー2・3塁			
B-S	B-S	B-S	B-S
0-0	1-0	2-0	3-0
0-1	1-1	2-1	3-1
0-2	1-2	2-2	3-2
2アウトランナー2・3塁			
B-S	B-S	B-S	B-S
0-0	1-0	2-0	3-0
0-1	1-1	2-1	3-1
0-2	1-2	2-2	3-2

た後」「先制された後」「先制した後」「前半3点差で負け（勝ち）」「中盤3点差で負け（勝ち）」などの要素が加わる。それぞれの選手のコンディションや心理状態も考慮する必要がある。つまり冒頭の質問に対する答えは「シチュエーションは無限にある」と言え、だからこそ「これをすれば絶対＝配球に100%の正解」はないのである。

0アウトランナー無し			
B-S	B-S	B-S	B-S
0-0	1-0	2-0	3-0
0-1	1-1	2-1	3-1
0-2	1-2	2-2	3-2

1アウトランナー無し			
B-S	B-S	B-S	B-S
0-0	1-0	2-0	3-0
0-1	1-1	2-1	3-1
0-2	1-2	2-2	3-2

2アウトランナー無し			
B-S	B-S	B-S	B-S
0-0	1-0	2-0	3-0
0-1	1-1	2-1	3-1
0-2	1-2	2-2	3-2

0アウトランナー1塁			
B-S	B-S	B-S	B-S
0-0	1-0	2-0	3-0
0-1	1-1	2-1	3-1
0-2	1-2	2-2	3-2

1アウトランナー1塁			
B-S	B-S	B-S	B-S
0-0	1-0	2-0	3-0
0-1	1-1	2-1	3-1
0-2	1-2	2-2	3-2

2アウトランナー1塁			
B-S	B-S	B-S	B-S
0-0	1-0	2-0	3-0
0-1	1-1	2-1	3-1
0-2	1-2	2-2	3-2

0アウトランナー1・2塁			
B-S	B-S	B-S	B-S
0-0	1-0	2-0	3-0
0-1	1-1	2-1	3-1
0-2	1-2	2-2	3-2

1アウトランナー1・2塁			
B-S	B-S	B-S	B-S
0-0	1-0	2-0	3-0
0-1	1-1	2-1	3-1
0-2	1-2	2-2	3-2

2アウトランナー1・2塁			
B-S	B-S	B-S	B-S
0-0	1-0	2-0	3-0
0-1	1-1	2-1	3-1
0-2	1-2	2-2	3-2

0アウトランナー1・3塁			
B-S	B-S	B-S	B-S
0-0	1-0	2-0	3-0
0-1	1-1	2-1	3-1
0-2	1-2	2-2	3-2

1アウトランナー1・3塁			
B-S	B-S	B-S	B-S
0-0	1-0	2-0	3-0
0-1	1-1	2-1	3-1
0-2	1-2	2-2	3-2

2アウトランナー1・3塁			
B-S	B-S	B-S	B-S
0-0	1-0	2-0	3-0
0-1	1-1	2-1	3-1
0-2	1-2	2-2	3-2

本書に出てくる言葉の意味

**本書では、いろいろな「球」の名称が出てきます。
その意味をすでに十分に理解している方もいるでしょうが、
本題に入る前に、ここで解説します。**

投じる球の名称

見せ球　基本的にインサイド寄りに投げることが多い。またカウントを取る球ではなく、打者の狙い球（待っている球種やコース、打つ方向）を知るために使う。見せ球の後に「どの球種を投げるか」という意図を持った配球があるからこそ、より見せ球が重要となる。

誘い球　追い込んだ後に打者の狙っている方向や球種、コースが変わることに対して、狙いを確認する球になる。誘い球には「バットを出させる」という狙いがあるため、追い込んだ後やカウントが有利な時に打者の狙い球に対して誘い球を使う。

決め球・勝負球　投手によっては本来の決め球や勝負球はフォークボールだが、場合によってはストレートになることがある。その理由は、打者がフォークボールを意識することで真っ直ぐに対しての対応が遅れ、空振りやファウルになる確率が高くなるからである。スライダーを勝負球として使う場合には、その前にインサイドに見せ球を投げて意識させておく必要がある。「外のスライダーで仕留める」という意図があれば、よりインサイドに意識を持たせることで勝負球として使えるようになる。「見せ球や誘い球、勝負球」は一定にはならず必ず変化する。それぞれの球には意図があり、結びつきがある。そのうえで最後にどの球を使って勝負をするかをバッテリーは考えている。

カウント球　基本的には、投手がある程度のコースでストライクが取れる球種である。また、ストライクを取る球だけと思われがちだが、初球から何でも振ってくるような打者に対して、ストライクはわざわざ投げないため、カウント球はボールになっても、それを振ってくれればカウント球になる。いわゆる手出しの多い球、球種やコースに対して、ストライクからボールゾーンへ投げることでカウント球になる。カウントは見逃し、空振り、ファウルで作るため、「投手のどの球」が「打者の何に」有効になるかを知っておくことが重要で、その日の状態、調子、コントロール、ボールのキレに合わせて変えていくことになる。

逆球　逆球は、外に構えたところから内に投げてしまった場合をいう（内から外に投げてしまった場合も同様）。低めを投げようとして高めに投げてしまった場合は、逆球と言うことは少なく、その場合は「低めに投げようとして浮きましたね」と表現をすることが多い。

第1章

配球の基本

配球の基本とは

配球を考える時に忘れてはいけないことは、「配球は1球では完結しない」ということである。配球とは読んで字のごとく「球を配る」もの。ある球を1球投げて終わりではなく、その次の投球にどう繋げていくのかを基本として考えなくてはならない。

例えば、最初にインコース高めに投げたとすれば、次の球はアウトコース低めに投げる。「インハイ、アウトロー」という攻め方である。ストライクゾーンで一番、打者の目に近いコースと一番打者の目から遠いコースとなる。まずはこの対角線の投げ分けが、配球のコースを考える上で基本となる。なぜならこの2つのコースに投げることで、打者の狙い球やコースがある程度見抜けるからである。この基本をベースにして考え、さらに緩急や左右、高低を使いながらストライクとボールの出し入れを駆使して打者を抑えるのが投手である。

野球には12個のカウント（左の図）があり、配球ではその中で打者の傾向やカウント別の手出しや見逃しが多い球種、コースなどを頭に入れて捕手は配球を考えていく。

カウント別では初球が最も難しい。傾向を示すデータがあったとしても、その打席での

12個のカウント

B-S	B-S	B-S
0-0	0-1	0-2
1-0	1-1	1-2
2-0	2-1	2-2
3-0	3-1	3-2

この図のそれぞれのカウントに加えて「何打席目か」「試合の前半か中盤か後半か」、「点差」「相手投手や自軍の打者の調子」「相手打者の調子や打順」「アウトカウント」「ランナーの状況」を考えながら配球を組み立てる

打者の考えがわからないからだ。捕手ははじめに「打者がこの打席でどの球種やコースを待っているのか」を探り、データや経験から配球を考えていく。

・0－0　初球の入り方が一番難しい一球。

・1－0　打者の待っている球がわかり、カウントを整える。

・1－1　見せ球や誘い球で打者の意識をそらす。

・1－2　決め球で打者を打ち取る。

このようなカウントごとの基本に加えて点差やイニング、ランナーの有無によって、打者との駆け引きは膨大な量になってしまう。だからこそ、基本から考えることの大切さが出てきたのだろう。

山を張る（配球を読む）ことと山勘の違い

配球は打者を知ることから始まる。打者はバッテリーの配球を読むことで投手の傾向を掴《つか》める。また、打者自身が攻められ方や弱点を知ることで捕手の攻め方が理解できてくる。そうして打者は、バッテリーの狙いを見ようとする。一方でバッテリーだが、配球には100％の正解がないため全て傾向になるが、打者の傾向の確率が高いか低いかを踏まえたうえで、捕手は打者と勝負しなければならない。

捕手は、1、2打席目はインサイドもしくはアウトコースから入る傾向が強い。しかしランナーの有無や打者のタイプによって攻め方が変わってくる。また投手のその日の調子や球威、打者との相性や過去の対戦成績を考えたうえで捕手は攻め方を考えていく。

例えばクリーンナップかつランナーありでスコアが0－0の場合には、思い切ってインサイドから入るケースもある。フォークボールが苦手な打者であれば、ランナーがいる状況でも初球からフォークボールを投げさせることもある。そのような初球の入りによって捕手は打者が何を待っているかを知ろうとするのだ。一方で打者は対戦の経験を積むなかでネガティビティバイアス（ネガティブな印象のほうが脳に定着しやすいこと）があるため、その印象を強く感じてしまうものである。打者はフォークボールを待つことはほとんどしないが、バットを振らないようにすることが多い。それはフォークボールが不確定な球種であり、落ち方も1球ごとに違うからである。打者は「ボールの軌道がわかりやすい球種を待つ」という傾向がある。そのため打者はランナーがいる状況では「ストレートは来ない」と思い、変化球に的を絞って待つのだが、打者がそのように考えるには背景やそれまでの対戦経験の積み重ね、事実が不可欠となる。

例えばカウント別のデータを見て、「ランナーがいる状況ではボールから入る傾向がある」「ランナーがいる時は変化球が多い」、「ランナーがいる時はインサイドが多い」などの傾向を打者が知っていれば、「絶対にインサイドに来る」と山を張ることができる。

一方で山勘という言葉の意味だが、前提として投手のデータが頭になく捕手の傾向も知らない状態である。そして「ランナーがいるからインサイドには来ないだろう」という曖昧な考えのもと、狙った球だけを打ちにいくことを意味する。この山勘に対して打者が確かなデータと経験値を養ったうえで狙い球を待って打ちにいくことを「配球を読む」という。つまり山勘と配球を読む（山を張る）は、前述したように異なるのだが、山勘が当たってしまうことがあるというのも事実である。

配球に正解はない ―正解に近い配球やリードができるかどうか―

前述したように配球には絶対がない。打者を絶対に打ち取れることはなく、1つのコントロールミスで打たれて失点したり、それが最終的に勝敗を左右する場合があることも念頭におかなければならない。そのため捕手は投手に対して「初球はボール球から入るぞ！」「ボール球でいいからな」などと身振り手振りしながら意図を伝える。

バッテリーは配球を考えるうえで、1番から9番打者の傾向を頭に入れておく必要がある。例えば配球を読んで打つタイプには、ベースを半分に分け、ベースの内側半分を球種に関係なく打ちにいく打者がいる。初球を見逃すタイプであれば、初球を見逃した後、次に来る同じ球を狙って打ちにいく（これを後追いという）。この球と決めたらそれだけを待っているタイプや、自分の好きなコースに来たら打つタイプなどがいる。経験が少ない打者はタイミングが合えば振る、タイミングが合わなければ振らないという傾向がある。

打者のタイプによって違いはあるが、経験を積むと多少タイミングがずれても強引に打ちにいく傾向があるが、凡打の確率が高いと感じる。そして凡打の確率が高くなればその球は振らないようになっていく。**打者は打てる球も打てない球も経験から学んでいくのだ**

配球を読んで打つタイプの例

ベースを半分に分け、ベースの内側半分を球種に関係なく打ってくる

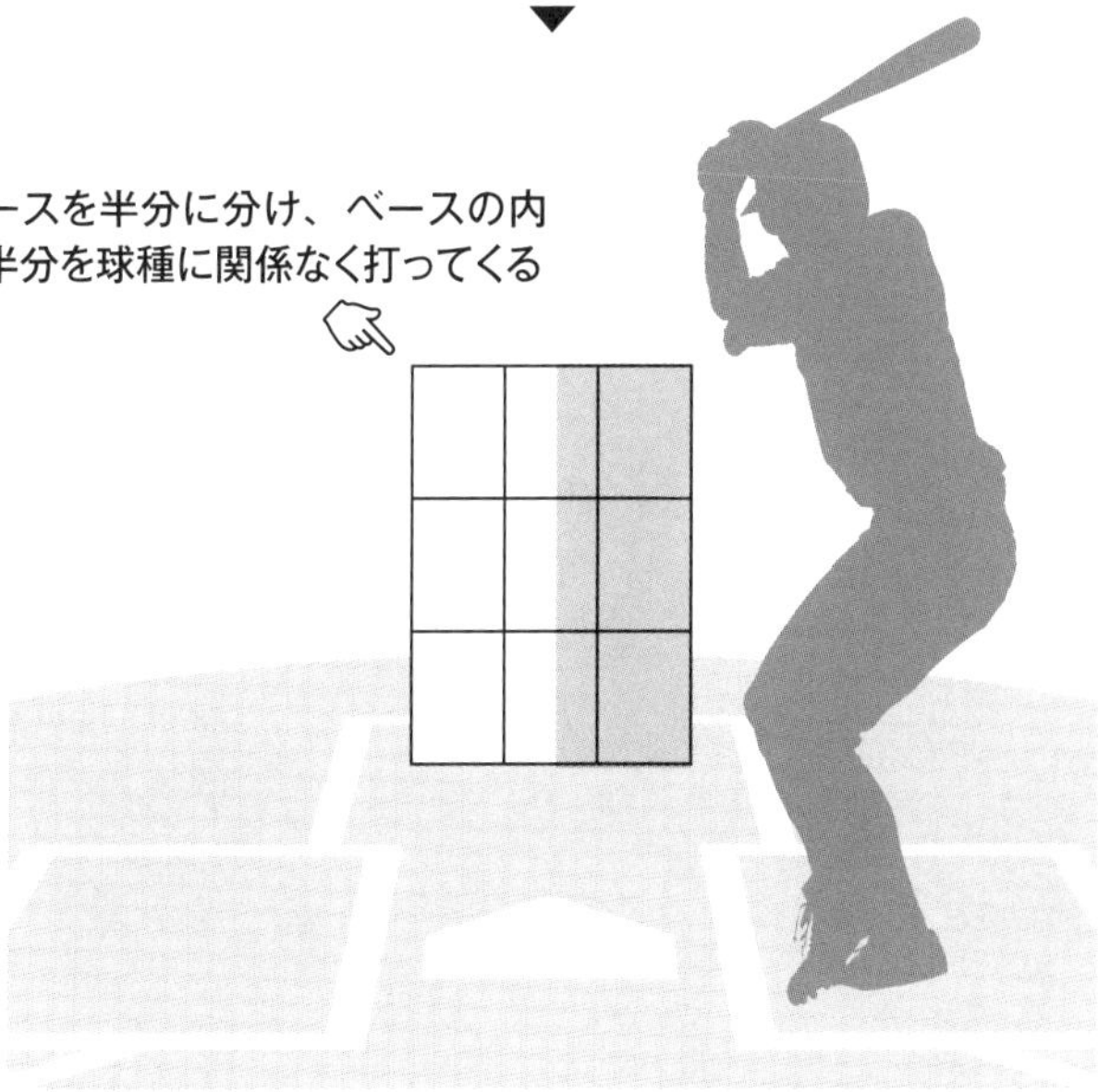

と思っている。プロの打者は年齢を重ねたり経験を積んでもなお、「どのような球が来るのか・来ないのか」を学ぶ。だからこそ年齢を重ね経験を積むほど「読みの確率」が高くなり、読みが外れることも少なくなる。ところがインタビューなどでは「振ったら来ました」などと話し本当のことは言わない。打者が自分で調べたり学んだりしたことをわざわざ言うはずがない。打者は、ある意味「自分の考えを知られないための策」として言葉を発しているのだろう。

ミスとは何か（試合の中で投手のミス、捕手のミス、どちらが多いのか）

バッテリー間で起こるミスについて考えてみたい。まずは捕手のミスだが、一番多いのは打者に対する初球の入りを安易に考えてしまうことだろう。「ストレートでいいだろう」「この変化球でカウントを取れたらいいだろう」といったように、「とりあえず」や「様子見」という曖昧なイメージでなんとなくサインを出してしまい、その球を打たれることは避けなければならない。打者を見てデータを踏まえたうえで初球を考えることが大切になる。投手も捕手の「なんとなく」に応じないようにすることが必要になる。

では投手と捕手のミスはどちらが多いのであろうか？　これは明らかに投手である。投手のミスで最も多いのはコントロールミスである。捕手が構えたコースに対して百発百中で投げられる投手はいない。「高めにいった」「変化球が甘くなった」「逆球になった」などのミスは必ず起こるものである。

またバッテリー間の配球ミスを考えると、明らかに捕手のほうが少なくなる。配球のミスと言ってもなかなかこの定義は難しい。先ほど述べたように「不用意な初球の入り」は、一つのミスかもしれない。しかし打者には打ち損じがある。甘いコースにいったとしても、全てがミスになるのではなく、結果的にそれで打ち取れることもある。野球では3割を打ったら大打者と言われるが、三振も含めて7割を打ち損じているわけである。そのことを考えると、甘いコースに投じた球の全てがミスであるとは言えないだろう。その時の打者のコンディションや調子の良し悪しなどを判断し、もしも打者の状態が悪ければ、多少甘い球でも打たれる確率は低くなる。打者の状態を判断する際には「タイミングが合っているか合っていないか」が非常に大きな要素を占める。調子が悪くてタイミングが合っていなければ、ホームランにされそうな甘い球が凡打やポップフライになることがある。投手が「あっ！」と思った失投でも三振する場合がある。調子や状態がまずまずの打者であれば、大きな外野フライや良い当たりの凡打になったり、飛んだコースによってはヒットや長打になるケースもある。繰り返しになるが、投手は百発百中の投球はできず、打者は7割の確率で打ち損じるのだ。そう考えるとお互いにミスをする確率は高いものであり、つまり「ミスはある意味つきもの」と考えて良いと私は思う。

もう少しミスについて述べてみよう。ミスの仕方にもいろいろある。例えば打者の場合、その打席でのメンタル（精神状況）がパフォーマンスに大きく影響をする。「チャンスに強い打者」もいれば「チャンスにあまり強くない打者」もいる。投手や捕手も同様にメンタルが影響するプレーがあり、その時の心理状態とミスには大きな関連がある。捕手の場合では、「ピンチでも強気でいける」「打たれると弱気になっていき、配球が外側一辺倒になってしまう」といったことが起こる。投手の場合はピンチで慌てたり、動揺してしまったりする。例えば足の速い1塁ランナーがいる場合には、盗塁を警戒したりクイックで投げる必要がある。さらにはその状況で投じる球をコントロールしなくてはならない。ところが他のことに気を取られすぎてしまい、コントロールミスや失投が増えることでホームランや長打を打たれて失点してしまうことがある。先ほども述べたが、弱気のバッテリーになると外一辺倒の配球が多くなり、強気のバッテリーの場合は「攻めの投球」でストレートを選択しやすく、そのストレートを打たれてしまうケースもある。**捕手は投手が弱気な場合には鼓舞し、投手が強気な場合には冷静に落ち着かせるように自分をコントロールしなければならない。**投手が冷静に考えられる心理状態であれば、組み立てた配球のサインを安心して伝えることができ、投手のミスの確率を抑えることができる。捕手は投手の性格や精神状態がリードに大きく関わることを理解し、防げるミスを最大限防げるように振る舞ったり、コントロールをすることが求められるのである。

打者を知ることの大切さ

打者には「投手から見える半分の部分」と「捕手から見える半分の部分」がある。私が投手の視点から打者をどう見ていたのかというと、「どこから動き始めるのか」「どうやってタイミングを取っているのか」という2点である。

打者は「手でリズムやタイミングを取る」もしくは「下半身でリズムやタイミングを取る」。打者自身にその自覚がなかったり、全身でタイミングを取ると思っている選手でも、投手から見た場合は手もしくは足のどちらかが必ず最初に動き出す。その動き出す部位を注意深く観察することが、打者の動きを見るうえで大切なポイントとなる。

そして打者の動きを見て、どのように配球に活かすのかというと、投球したコースや球種に対して「打者がどのように反応したのか」と結びつける。例えばインコースへ1球投げ、打者の動きを見てインコースを意識しているか否かを判断するのである。足から動き出す打者がインコースを意識すれば、足の動き出しのタイミングが早くなり、結果的に身体の開きも早くなる。そのような打者の動きの変化を見ることで「インコースを意識している」ことがわかる。手から動き出すタイプであれば、インコースを意識すると手の動き出しが通常時よりも早くなる。インコースは打つポイントが前になるため、動き出しを微妙に早くする必要があるからだ。ただしインコースへ１球投げると全ての打者が意識するわけではない。どのタイミングで打者が意識し始めたのか、動きの変化が起きたのかなど、注意深く観察する癖をつけることで、最初はわからなくても見えてくるものがある。

また打者は、調子が良い時と悪い時は必ず異なる。その一つがタイミングの取り方である。そのためバッティング練習を見ておくと、変化を見極める一つの方法になる。例えば練習時は通常引っ張り方向に打つことが多い選手が、ポイントを近づけて身体の開きを抑え、呼び込んで打つような練習をしていたとする。一見すると通常の打撃練習なのだが、打者が先ほどのような意識で練習している場合は調子が悪いことが多い。そしてこのような練習をしている打者は試合中、右打者であれば逆方向へ打とうとするために左肩が入りやすくなる。このように**練習と試合の違いを観察したり、分析することで、攻略するためのヒントを多く見つけることができるのだ。**

打者によっては、練習時は何も考えずに思い切り打つ選手がいる。そのような選手は「音」を聞くことで、調子や状態を把握するヒントになる。不思議なもので、打者の調子が良い時というのはバットの芯の近くにボールが当たる。その際にスイングスピードが速くてタイミングが合っていると、当たった時に乾いた音がする。一方で調子が悪いと芯に当たらないことが多く、潰れたような鈍い音がする。打撃練習時の動きや音は一見配球とは関係がないことだと思うかもしれないが、とても貴重なヒントが隠されている。

もう少し例を挙げたい。長距離ヒッターでよく見られるのは、ゴロを打つことを嫌がる選手が多いということ。長距離ヒッターはボールが上がらない、ボールの上っ面を打つバッティングを一番嫌がる。ボールが上がらなければホームランも長打も出ないからだ。このような場合に、自分のバッティングの型を変えようとする選手もいる。バッティングの型を変えることは打撃フォームを変えることになる。打撃フォームが変われば、「スイングが遅くなる」「ヘッドスピードが遅くなる」「今までのミートポイントが狂う」などが考えられる。結果として自分のフォーム自体を崩す可能性が高くなり、そうなれば、投手とのタイミングもずれてしまう。自分で自分を崩してしまう選手も少なくないのだ。

逆に本来は長打を打つような打者ではない選手がホームランを打ったとする。選手によっては、そのホームランを打ったという経験や感触が頭に残り、気持ちの良さや快感から「また次も打ちたい」と思うようになる。センターを中心にミートを心掛けていた打者が、ホームランを打ったという経験一つで、身体の開きが早くなったり、スイングが大きくなってしまったりと崩れてしまうこともある。**打者にはこのように自分で自分を変えてしまう選手もいるのである。**

対戦投手によって動きを変えてしまう打者もいる。相手投手を意識しすぎて自分のバッティングを崩したり、崩されてしまうのである。バッテリーはこのような崩しやすい選手に対しては、見せ球や誘い球などを駆使し、打者の意識づけを濃くしていく。調子の悪い打者はより悪くし、調子の良い打者は調子を落とさせることをバッテリーは考えるのである。そのためには直近のデータや映像を見たり、実際のタイミングの取り方を見て、打者の調子を見極める必要がある。凡打の仕方や内容、カウント別やシチュエーションなども把握しておく。例えば凡打になった打席では「どのカウントで打ちにいったのか」「追い込まれた後で外の変化球に対してどのような反応をしたのか」などを細かく見ていくと、「追い込まれると外の変化球に対して当てるだけのバッティングが多い」といった特徴や傾向が見えてくる。ただこのような傾向が見えたとしても、「当てるだけではあるが、一番当てやすいコースや球種がある」ということも頭に入れておく必要がある。当てるだけのバッティングをする選手は、インコース低めやアウトコースよりの高めの「中間球」と言われるような抜けたスライダーや甘くなったスライダーなどにバットをうまく当て、ヒットにすることがある。遅いボールのほうがコンタクトしやすいからである。そのため打者の傾向や特徴が見えたとしても、注意しなければならない。

捕手は打者や試合状況を見ながら常に「何を意識させたらよいか」「どのように打ち取るか」を考えている。そして配球を組み立てるうえで非常に重要な武器になるのが、「打者のルーティンを見る」ことである。打者のルーティンを見ていると、その時の状態が少し見えてくる。単純にいつもとは少し違う動きだと感じたり、調子が悪そうに見えたり、1球ごとに打席を外してスイングをしている選手などは、何かしら調子や状態がいつもと違うのではないかとイメージをしておく。例えば「グリップの位置を意識している」「タイミングがうまく合っていない」「波を打つような下から出てくるスイングをしている」「上から下に振る」など本来の調子が良い時にはしないことをしていた場合、自分の思い通りにいかないものを思い通りに動かそうと試行錯誤しているように感じられる。

無意識なことが動きや行動として現れることがある。また打者にはプライドや意地もある。そうした心の中の思いが知らず知らずのうちに練習や仕草、態度に現れると、当然普段のルーティンの変化になる。この様子は投手だけでなく捕手も見ているため、バッテリー間で見方が同じであれば双方の意思の疎通が早くなる。ましてや試合前には必ずミーティングをするため、前日の試合を見ていれば変化を理解しやすく、攻略に時間はかからないはずだ。このようにルーティンを見ることで打者の状態がわかる。目で見る情報は大切なのである。

最後にストライクゾーンについて述べる。打者が「ストライクか」「ボールか」を態度に表したり、審判に対して確認をしたり、判定に対して首をひねったりすることがある。打者には自分のストライクゾーンがあり、たとえずれたとしてもボール半個分ぐらいだろう。その半個分のずれを配球によって一個分や一個半分に狂わせることは可能だ。そのために大切なことは審判の癖を知っておくこと。

日によっても変わることもあるが、「今日は低めをストライクに取ってるな」「外は少し広くてもストライクを取っているな」などを知ることで打者のストライクゾーンを狂わすことができる。そしてボール半個分のずれが一個分などと大きくなることで、打者は集中力を欠くことが多くなり、凡打になる確率を上げられる。「打者は自分のストライクゾーンがずれることを嫌う」ことも知っておくと配球に役立つのだ。

「上手く打たれた」と「たまたま打たれた」は違う

「上手く打つ」とは、自分のフォームや姿勢が崩れてもバットのヘッドが残った状態で、ボールを拾うようなバッティングを指すのではないだろうか。打者には必ず「幅」というものが存在する。タイミングがずらされたとしても、ヒットゾーンに運ぶことができる幅があるのだ。そしてタイミングや体勢が崩れても、ヘッドが残っていてコンタクトされたら、投手として「上手く打たれた」と感じる。一方で「たまたま打たれた」というのは、タイミングや体勢、バットの軌道や芯もずらした状態にもかかわらず、チョンと手を出したら当たってヒットになったようなことを指す。**このようにバットの軌道やヘッドの位置、打者の動きによって2つの言葉の違いが表現できる。**インコースで詰まったものの、手首を強引に返してヒットゾーンに飛ばしている打者と、インコースに来て反応だけでボールも見ずにバットを出して外野手の前にポトリと落としたヒットを打った打者では、全く違うということである。投手としても、後者の場合は上手くヒットを打たれたという感覚にはならない。ゴロに打ち取ってもバウンドが高くなり内野安打になったとしても、上手く打者が打ったとは感じないだろう。しかし外の変化球を、体勢を崩しながらも上手くミートし、投手の足元を抜けた打球を打たれたら上手く打たれたと感じる。要は「上手く打たれた」と「たまたま打たれた」というのは、感じ方や、評価の違いによるところが多い。**ただしどちらの打ち方でも打たれたことには変わりはない。**投手や捕手がそこでどのように思うのかが大切である。試合中であれば、特に投手は切り替えて次の打者と勝負をする必要がある。しかし試合後に「たまたまだから仕方がない」と思うのはいただけない。例えば「違う球種やコースで勝負をすればどうだったのか」「その前に別の球を投げておけば結果は変わっていた」「もう少し早くカウントが取れていれば……」といった反省が必要である。常に試合を振り返って反省をし、次にどう活かすか、というルーティンを習慣づけておくことが大切である。投手だけでなく捕手にも非常に大切な作業になる。もしも習慣づけができていなければ、いざという時に「頭の整理がつかない」「思い出そうとしても出てこない」「同じ失敗をする」など、経験として次に繋がらなくなってしまう。

試合後に振り返って反省することをルーティンとして繰り返すことで、頭の切り替えが上手くできるようになる。脳という神経回路は、試合の経験をもとに反省を繰り返し、積み重ねていくことで変化してくる。良い神経回路を作っていくことは非常に重要なことである。

なぜ落ちる球種が増えたのか？

近年、フォークボールを投げる投手が非常に多くなってきた。配球という面においても、ピンチの場面ではフォークを選択する傾向も強くなってきたように感じる。また球威があり球速が速い投手がリリーフとして求められていることも理由として挙げられるだろう。配球の例で言うと、フォークを多投して時折ストレートをはさみ、再びフォークボールという感じだ。フォークボールは、ストレートの軌道からストンと落ちるため、打者からすると狙い球に定める球種ではなく、なかなか捉えにくいボールになる。そのため困った時にはフォークボールという配球が増えている。

フォークボールは打者が狙いにくいという理由以外に、投手にコントロールがないケースも挙げられる。捕手が配球を組み立ててインコースを要求してもアウトコースにいったりするコントロールでは、打者を打ち取る配球の組み立ては難しい。そのためコントロール精度が低い球種ではなく、打者が合わせにくい球種であるフォークボールを選択せざるを得ないということだ。

配球を考えるうえで必要な要素

配球を考えるためには、何よりもまずは打者を知ることが大切になる。打者は選手によって特徴があり、常に同じということはない。例えば2ストライクに追い込まれた状況でバッティングを変える選手もいれば、チャンスの場面ではセンター方向への意識を強く持つ選手もいる。試合状況やシチュエーションによって変化するのだ。いつもであれば逆方向の意識が強い選手でも「ここぞ」という時には、オリックスの安達選手のように急に引っ張ってくる場合がある。しかし打者の特徴は先述したように様々なシチュエーションやタイミング、これまで蓄積してきたデータなど、多くの要素が重なり合って考えられるため、絶対はなく確率論となる。ただし絶対はないものの、相手の意図や狙いを考えながら打ち取る確率を上げるためには打者を知る必要がある。打者のタイプを知り、得意としているコースと苦手としているコースを頭に入れておく必要がある。インコースを嫌がる選手もいれば嫌がるどころか得意としている選手もいる。コースの左右や高低のどこかにバットが出にくい場所が存在し、カウントが取りやすいコースも存在する。緩急に対応できない選手もいる。

打席やシチュエーションごとの打者の意識によって、配球の組み立てや攻め方が変わる。もしもインサイドを意識していれば、外のボールでカウントが取りやすくなる。外の意識があればインサイドに反応できなかったり、詰まりやすくなる。打者の傾向を知ることでカウントが取れたり、追い込みやすくなり、結果的に凡打に打ち取りやすい。いざという時には三振も取りやすい。つまり**打者の傾向を含めて「知る」ことで、配球をスムーズに組み立てやすくなるのだ。**

ただし捕手が打者の特徴を把握し、動きやバッティングを読んで配球を組み立てたとしても打たれることがある。捕手が打たれたり失敗を恐れることで配球に「癖」が生まれてしまう可能性が出てくる。「打たれるのが怖い」「失敗したくない」という思いからアウトコースへの変化球に偏った配球になったりする。カウントが不利になってストライクが必要な状況が生まれると、取りにいったストライクを打たれることがある。これでは打者を抑えるための配球には繋がらないだろう。

配球を考えるうえでは、捕手の性格も踏まえた考え方や特徴、能力なども重要な要素となる。打者の性格やこれまでのデータ、そしてシチュエーションに応じてどのような組み立てをするのかは、捕手の性格によって大きく変わる。強気な性格なのか、冷静な性格なのか、大胆不敵な行動を取るのかなど、捕手によってその時の感覚の捉え方や見る視点も異なる。それがいざという時に配球に現れる。当然、投手自身も打者の特徴を知っておく必要があるが、バッテリーとして捕手を理解しておけば打ち取るために考えることも少なからず変わってくる。投手の感じ方や捉え方が変われば、投じるボールも変わってくる。選択する球種やコース、曲がりや速度も変わる可能性もある。だからこそ、投手は投手でデータを読み解いたり、資料を見て打者を把握しておく必要があるのだ。そうしなければ、バッテリーとして配球を組み立てることが難しくなる。

打者の性格を考え、どのシチュエーションで振ってくるのかも掴んでおきたい。「チャンスの場面で集中力が増す」「冷静さを欠き、どんなボールでも振ってくれる」などを把握しておくと、どの球種でカウントを取り、何を勝負球にするのかといった意思疎通がスムーズになる。例えば「初球から勝負球で入ろう」と選択し、勝負球であるフォークボールを投げたとする。そこで打者が振ったり、嫌がる反応をした場合には「ストレートを待っている」と予測することができる。実際はこれほど単純ではないが、経験の積み重ねによって選択するボールや配球の組み立てが変わってくる。**配球による成功だけでなく失敗も含めた経験が、打者を抑えるための配球を組み立てていくうえで必要な要素になる。**

自分の勝負球を知るためにはどうする？

前提として、**プロ野球の世界において自分の勝負球を知らない投手はおそらくいない。**自分の勝負球を知らない状態でマウンドに上がったとしても、「勝負球で打ち取るぞ！」という場面で気持ちが何も入らない。そのような投手が1軍に上がって投げることはおそらく難しく、投手コーチもおそらく1軍に上げはしないだろう。「自分の勝負球を知っている」「どの球種でカウントを取り、どの球を使って打ち取る」といったカウント球や勝負球を自覚しない限りは、1軍で結果を出すことは難しいだろう。

プロの世界に入った以上、多くの選手たちがそのような自覚を持っているが、稀に自分を理解していない選手もいる。例えば、高卒間もない投手である。しかしプロで活躍するためにはどのような武器を磨けば良いのかを考える選手は、2軍や3軍で練習に取り組むかもしれない。球速が向上するようなトレーニングをし、球速が速くなることで変化球の曲がりが良くなる場合もある。手が大きいという理由で、フォークボールを練習したら、上手くいったという選手もいる。逆にフォークボールは難しかったが、チェンジアップに挑戦をし、すごく良いチェンジアップを習得した選手もいる。**そのような過程を経て自分**

勝負球を知るためには

▼

【前提として】

1軍の選手で自分の勝負球を知らない投手はいない

⬇

経験が浅い選手などは、活躍するために必要な武器を考える

- **球速が上がることで変化球の曲がりを大きくする**
- **手が大きければフォークボールを練習する**
- **手が大きくないためチェンジアップを習得した**　など

私の場合
全ての球種を「勝負球や決め球にする意識」で取り組んだ

の武器である勝負球を作るのである。

私の場合は全ての球種を「勝負球や決め球にする意識」で取り組んでいた。私にはフォークボールがなかったこともあるが、プロの打者は狙った球種を待っていれば確実にバットの芯で捉えることができる。だからこそ、まずは打者の目先を変えることよりも、自分の球種を磨く努力を目指した。身体を鍛えたりもしたが、自分が持っている全ての球種を全てのコース投げられ、コントロールに自信が持てるまでブルペンで練習をし、メカニック（投球時の一連の体の動き）についても学ぶようになった。プロ野球で生き残るためには、他の人と同じことをしていても生き残れないからだ。

投手のコンディションが良い場合の配球の基本

投手のコンディションというのは、その時々で異なる。

コンディションによっては、「ストレートの調子は良いが変化球が良くない」「変化球の精度は良いがストレートの質が悪い」といった状況が生まれる。そのためストレートの状態が良いのであれば最初はストレートで押していき、状態が良くない変化球は見せ球として織り交ぜて打ち取るといった考え方をする必要が出てくる。

また変化球の調子が良い場合には、その選手の持っているどの変化球の状態が良いのかを把握しておく必要がある。「どの球種でカウントが取れるのか」「ファウルを打たせることができるのか」「調子が良くないストレートとどう組み合わせるのか」「勝負球として使えるのか」など、その時々の投手のコンディションを細かく把握しておくことが大切である。

そして、その上で捕手の意図したボールになるのはどの球種なのかを理解しておく。狙ってもなかなか打てないような決め球の投手の場合は、とにかくその球種を意識させることで他のボールも打てなくなるケースがある。そのような球種として前にも述べたフォークボールは非常に有効である。

少し話は変わるが、今はどの球団にもトラックマンが導入されている。トラックマンが導入された当初、私はアナリストにどのような数値が計測できるのかを尋ね、効果的な使い方を模索していた。その結果、回を重ねるごとに投手の「リリースポイントの高さや長さ」に変化が表れることに気づき、データとして出してもらうようになった（左の図）。データが出るのは次の日になるのだが、コンディションが良い時と悪い時では、リリースポイントの高さや長さの変動が大きくなり、総じて高さは肩肘周り、長さは下半身の疲労と位置づけて見ていた。そして次の日に投手の聞き取りを行い、コーチの意見や私が見た試合中の変化をコメントとして書き出した。そうすることで「次の1週間をどう過ごすのか」を見通せ、投球内容や投球の質を改善できた選手もいた。「翌日にデータが出ていては遅くないか？」と思われる方もいるだろうが、私は自分自身やコーチたちが「選手の調子を見る眼を養うためにデータを活用する」と考えていた。投手を見ていて「調子が下がってきたな」と感じたイニングとデータを翌日に比較し、主観とデータを照らし合わせるのである。そのような使い方としては、非常に有効だったと感じる。

トラックマンを使ったコンディションの把握

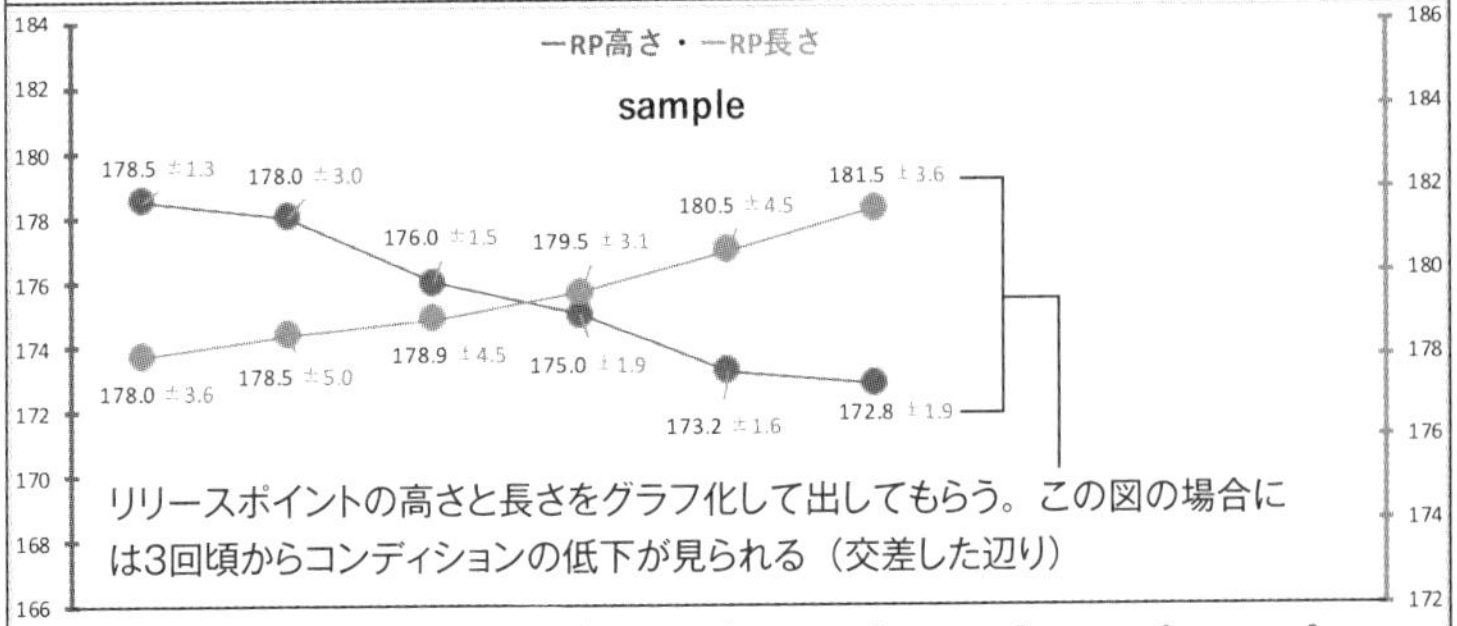

登板日：----年-月-日：対 － 球場:－　投手：－

-イニング 打者数 － 球数 － 安打 － HR － 三振 － 四球 － 死球 － 失点 － 自責 －

ストレートMAX: - km/h

RP(リリースポイント）：高さ・長さの変化（ストレート）

ストレート球数	① -球	② -球	③ -球	④ -球	⑤ -球	⑥ -球	⑦ -球	⑧ -球	⑨ -球
平均球速									
平均回転数									
縦変化量									
横変化量									

球種	平均球速	平均回転数	平均縦変化量	平均横変化量	平均RP高さ	平均RP長さ
ストレート						
カーブ						
スライダー						
フォーク						

投じた球の数値が入る

選手コメント	選手がコメントを書き込む
コーチコメント	コーチがコメントを書き込む
監督コメント	監督である私がコメントを書き込む

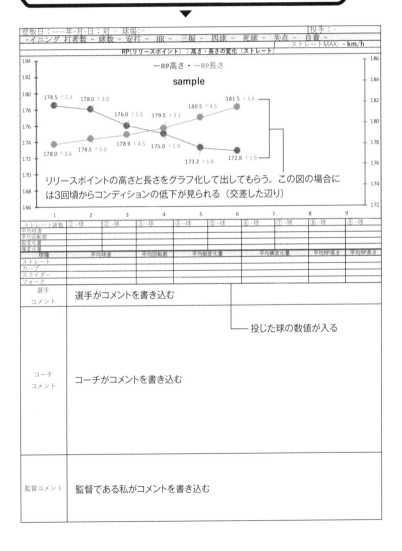

配球にあまり関係のないデータとは？

一概に「これ」と言うことは難しいが、データの種類や見方、捉え方によって意味合いが変わってくる。例えば四球率が高い打者がいた場合、そのデータからは、その打者の好きなコースや球種、どういった打撃をするのか、などの部分は見えてこない。つまり配球を組み立てるうえで直接関係があるデータではない。しかしそのようなデータを紐解いていくことで、「四球率が高いということは、選球眼が良くボール球をあまり振らない」などの情報に繋がり、それが間接的に配球の組み立てに関わってくる。

「三振が少ない」というデータも、基本的には配球とほぼ関係がないケースが多い。しかし、三振が少ないということが何を意味するのか、四球が多いということが何を意味するのかなど、一つのデータだけではなく、複数のデータを掛け合わせることで見えてくるものも少なからずある。例えば、「三振が少ない」と「四球が多い」というデータを掛け合わせると、三振が少なく四球が多いのだから、単純に四球率だけのデータと比較してより明確に「ボール球を振らない」「選球眼が良い」という情報になる。そしてこの打者に対しては、「ストライクからボールになるような変化球を打たせることは非常に難しい」と頭に入

一見配球に繋がらないデータに見えても……

例1　四球率が高い

➡このデータ単体は一見すると配球に関係ないと思える

⬇

ところが
- **選球眼が良い**
- **ボール球をあまり振らない**　などが見える

例2　三振が少ない

➡このデータも単体では一見すると配球に関係ないと思える

⬇

ところが例1と組み合わせて考えると
- **選球眼が良い**
- **ボール球をあまり振らない**　ことがより明確になる。

そして

➡ストライクからボールになるような変化球には手を出さない　などが考えられる

れることができる。データや情報を整理し、直接関係がないと思えるデータも紐解いたり掛け合わせることで配球に活かす方法が見えてくるのだ。

「データをどう読み解くか」「データからどうやって配球に活かすか」ということは非常に大切である。直接関係がなくてもそのデータから打者を知ることに繋がれば、その情報は絶対に知っておいたほうがいい。データがある以上、その使い方や活かし方を考えたほうが良いのである。「これは使えない」「これは関係ない」と思うのではなく、その「データが持つ意味」や「なぜこのようなデータが打者から出て、この確率が高いのだろう」などを考えて理解すること。それが最終的に打者の特徴であったり、タイプを示すものに繋がる場合もある。どんなデータも無駄にはならないのだ。

ただし注意しなければならないことは、余計なデータや情報を投手に与えることである。「調子が良くここ3試合で7割5分の打率を残している」という打者の情報を先発投手が知った場合（投手自身も自分で情報を集めて、頭に入れている場合もあるが）、かなりの高確率で1打席目にヒットを打たれ、2打席目は四球になる。下手に意識をしすぎてしまうのである。「この打者を抑えなきゃいけない！」と思っていても、打たれてしまうことも野球の中では頻繁に起こる。余計なデータや情報を知ったことで、投げる前から心理的にネガティブなイメージを持ってしまう投手と、知ったからこそ対策を考えてポジティブなイメージを持てる投手がいる。ポジティブなイメージが持てると、打者と相対することによって「打ち取る確率」や「方法論」が身につきやすい。そのためには「投手に最も大切な要素とは何か？」を考えることだ。私は投手に最も必要なこととは「コントロール」だと考えている。コンディショニング（調整能力）とコントロールがあれば、少なくともこの後述べる「心理戦に勝てる」と思っている。

配球とは簡単に言えば心理戦である。プロという世界で、10回、30回、50回と対戦すれば、「相手が何を待っているのか」「どういった作戦を取ろうとしているのか」など、なんとなく見えてくるものがあり、その心理を読み取って配球を組み立てる。「四球を出したとしても、この選手には絶対にこのボールを打たせたくない」「打者もその球を待っているから、不用意には投げられない」など、そういった背景やシチュエーションを理解しておくことで、四球の受け取り方も変わってくる。

この心理戦に勝つためには、前述したように投手も知っておいたほうがよい情報と捕手だけが知っておけばよい情報を取捨選択して整理する。私は「全てを知ったうえで対応しよう」と思うタイプであったため、自らも情報やデータを集めていた。投手の中には、知

配球とは心理戦

▼

相手の心理を読み取り、配球を組み立てる

➡背景やシチュエーションも理解しておく

※投手も知っておいたほうがよい情報と、捕手だけが知っていればよい情報に整理する

➡最終的には投手も全ての情報を知り、駆使していく術を身につけたい

りすぎてしまうことで変に意識したり、力んでしまう選手もいる。しかし情報を整理し、対応能力を身につけ、自分自身で研究をしていくことで、打者の攻め方や新しい攻略方法を見つけられる。自分で研究をするということも打者を抑えていくうえでは大切なことだと理解してほしい。何年か後に自分の技術や投球だけでは太刀打ちできなくなった時に、「打者を勉強しよう」「配球を考えよう」と思ってもらえたら十分だ。そのきっかけとして、私は配球の大切さを選手に伝えてきた。ただし言われてすぐに実行するのは難しい。選手は自信を持って今をプレーしている。そのため、今後に繋がるメッセージとして頭の片隅に残してくれる程度で十分と考えている。

リーグ戦での考え方の基本

リーグ戦とトーナメント戦では戦い方は全く異なる。基本的にプロ野球はリーグ戦であり、143試合の中でどのようにして勝っていくのかを考える。対してトーナメント戦は一つ負けたら終わりになるため、自ずと戦い方が異なるのは当たり前のことだろう。特にトーナメント戦は選手を育てながら戦うのではなく、ある程度選手が育ってからでなければ勝負ができないのではないだろうか。一つ負けたら終わりということは、毎試合全力を出し、全投手を使い、勝てば次のことを考えることになる。

対してプロ野球のリーグ戦だが、私の監督時代、シーズン序盤についてはレギュラー級の選手たちで戦うようにしていた。ところがシーズンを通して戦うことを考えると、「今のレギュラー陣が全試合に出場することはいろいろな面でもたないだろう」と予測できる。そのためチームの戦力に厚みを増すにはどうしたら良いかを考える。例えばチームとしてユーティリティプレーヤーを育てることや必ずバックアップの投手を用意しておく。レギュラー陣に怪我や故障があった場合には、休ませてあげられる環境の整備が必要になるからだ。

1シーズンを戦い抜くためには過去のデータも含めて分析をし、起こり得る事態の予測が非常に重要になる。例えば選手を育てるためにはユーティリティプレーヤーをベンチに入れ、少しずつでも経験値を上げていく。そのようにして選手に力をつけさせられると、レギュラー陣が離脱したとしても大きくチームの戦力を落とすことがないと考えていた。このような準備を怠ってしまうと、チーム自体がリーグ戦を戦えなくなる。投手のバックアップにしても「2ヶ月後から実戦登板」「オールスター明けから登板」のように事前に計画を作っておくことが重要である。さらにバックアップ選手が上手くいかなかった時の対応策も常に作っておかなければならない。**このような経験をした今、改めてリーグ戦とトーナメント戦では戦い方や選手の起用法、作戦などに大きな違いがあると考えている。**

私が最も大切にしていたのは、2軍との情報共有や共通の認識である。これは必要不可欠なことで、現在の1軍にはどんな選手が必要なのか、例えば守備力が高い選手、代打で使える選手、投手では先発か中継ぎか、などである。そして1軍と2軍で起用法や役割を明確にしておくことによって、1年を戦ううえで最も大切な「連携」が取れるようになる。

短期決戦の考え方の基本

プロ野球での短期決戦と言えばペナントレース終了後に行われるクライマックスシリーズであり、日本シリーズである。まずクライマックスシリーズだが、ファーストステージでの2試合では、先発投手の1番手と2番手が投げる。同時に選手たちには、まず目先の試合に集中して全力を出す準備をしてもらう。同時に首脳陣は、勝った後のファイナルステージでのローテーションについて事前に考えておく。

短期決戦で特別な作戦や投手の起用方法をしようとしても、選手たちは逆に動揺や緊張をしてしまい、本来の戦い方や力を発揮できないまま終わってしまう可能性がある。そうならないためには、いきなり短期決戦でシーズンと違う戦い方をするのではなく、短期決戦を想定した戦い方をシーズン途中からやっておくことが大切だと考えている。例えば第2先発を作ったシーズンでは、シーズン序盤からではなく8月の中頃に作っていった。その理由は当初の先発陣の状態が良くなかったためで、7回や8回まで投げることができず、4回や5回で調子が悪くなる選手がいたからだった。こうした準備をしておけば、短期決戦でローテーションが変わったとしても選手が対応しやすい。そして「自分たちの野球は、今年はこれだ！」と思え、存分に力を発揮しやすくなる。

このように短期決戦を想定するのであれば、事前にやりたいことの準備をすることが大切である。そのためにはいかにシミュレーションをしておくかが重要であり、シミュレーションができた時にはどのように選手たちに声を掛けるのかを常に考えていた。例えば打順を上げる場合には「任せたぞ！」で良いが、打順を下げる場合にはその理由も含めた声掛けが必要になる。打順を下げる選手に対しては「君はミートが上手いから、前半でチャンスがくればエンドラン時の起用も考えたい」であったり、相手投手との相性も踏まえて「得点を取った後にもう1点取るため、この打順を任せたい」などと言っていた。

このようなことも私たち首脳陣の仕事であり、選手たちが持っている本来の力を余すところなく発揮してもらうためにも重要なことだと考えている。

短期決戦で対戦する打者の攻め方

ペナントレースで戦ってきた打者たちに対してだが、短期決戦でもシーズンと同じような攻め方をしてきた。それは選手たちに「この戦い方で勝ってきた」という想いがあり、変な緊張感が生まれずに平常心でいつもと同じ戦い方ができると考えたからだ。また指揮を執る側も普段と異なる戦い方をしようとすると、慌てたりいつもと違う空気感を出してしまい、それが良くない意味で選手たちに伝わってしまうこともある。そのようなことがないように考え、普段と同じ戦い方を選択していた。

ただし戦い方は同じでも、短期決戦の準備をしてもらう必要はある。そのために私は選手たちの前で長々と話すのではなく、短期決戦で大事だと思って書いておいた「3つの準備」を選手一人ひとりのロッカーに置き、グラウンドに集まった選手たちに紙を置いたから読んでおくようにと伝えた。この3つの準備とは、「身体の準備」「心の準備」「頭の準備」である。「身体の準備」とは、コンディションを上げておくこと。「心の準備」とは、プレッシャーを感じたり緊張したなかでも自分の力が出せるようにしておくこと。「頭の準備」とは自分を知り相手を知ることである。これは2019年のことであった。

バッテリーは短期決戦に向けて、それまで戦ってきた打者の特徴や傾向のデータや資料を頭に入れる。私たちからは捕手に対して「インサイドを攻める」などの事柄を再確認の意味を込めて伝えたが、投手には直接伝えないようにした。捕手から投手に伝えてもらうことで、「監督が何をしたいのか」ではなく、あくまでも捕手が主導で「こう動いてもらいたい」と伝わるからだ。そうすることで投手は集中して打者と勝負できると考えての行動だった。

監督就任1年目は投手にも伝えていたが、2年目からはこのほうがよいと考え、実行することにした。監督2年目以降は「今年もインサイドを攻める戦い方が中心」ということを選手たちもわかってくれていた。要するに選手の意識をどこに向けて戦うかを明確にすることで、**選手たちは迷わずにいつも通りの戦いだと考えられ、変な緊張感を持つこともなく動けるのである。**

配球を知ることでより深く野球が理解できる

実際に野球をプレーしている方、自分ではプレーしていない方、球場やテレビで試合を観戦している方、ラジオで放送を聞いている方など、多くの方々に私の配球に対する考え方を伝え、**野球の面白さや奥深さを再認識してもらえれば嬉しく思う。**

例えばラジオ放送を聞いている方が配球を知ることで、「外の変化球を引っかけてゴロになりました」という結果に対して、「その前のインサイドのボールが効いたんだ！」と思うことができたり、「外の真っ直ぐで見逃し三振」という結果に、「インサイド低めの変化球を意識させられたから外の真っ直ぐに手が出なかったのかな？」といった想像ができるようになる。テレビで観戦している方には、「次はそろそろ落ちる球を見せるか？」「これは3球勝負でもいいだろう！」など、これまでと違う角度からも野球を楽しんでもらえるかもしれない。

配球や次の試合展開のイメージができていると、「次はこうだろう」「その次はこうするだろう」などと、今後の展開を予想しながら観戦ができる。たくさんの方々が配球を理解することで「野球をより楽しめる」「野球の見方が変わる」ことに繋がればと思っている。

野球には投手戦と呼ばれる、両チームの投手の好投によって得点が少ない試合もある。ホームランや打ち合いで得点する試合のほうが面白い方もいるだろうが、配球についてより理解を深めることで、1－0や2－1などの展開の面白さも知ってもらいたいと思う。1点を巡る攻防でのバッテリーと打者の駆け引きは、本当に面白いものだからだ。

プロ野球選手を目指している子どもたちや選手には本書を通じて「勉強しなければいけないこと」や「知っておいたほうが良いこと」などを伝えられたらと考えている。プロ野球は1シーズンに140以上の試合があるリーグ戦なため、トーナメント戦を戦っている学生の選手たちにとって一概に参考にできる内容ではないかもしれない。それでも例えばプロ入りして捕手をやりたいなどと考えている選手の参考になればと思っている。

すでに何度か述べたように100％確実に抑えられる配球はない。そして打たれることは悪いことではなく、どこから何を学ぶかが大事である。相手チームに打たれたことで気持ちが沈んだり、ネガティブな思考になってしまうことはよくある。そのような時に本書の内容が気持ちを入れ替えるキッカケになったり、ポジティブな思考に変わるヒントになればという本書への私の思いを伝え、この章を終えたい。

第2章

扇の要

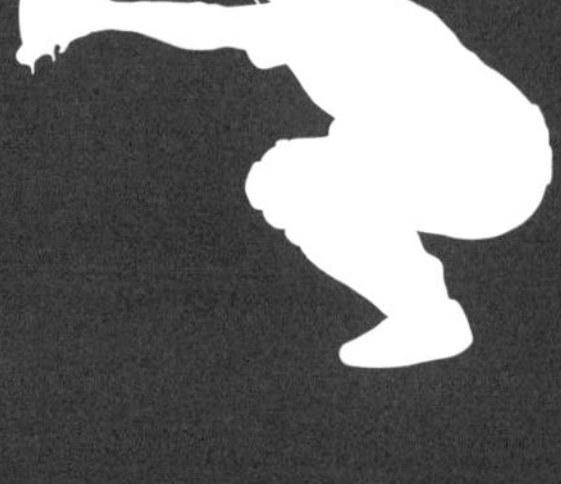

扇の要とは？

球場は扇の形になっており、広げた扇の要の位置に当たるのが捕手である。とはいえ私はこのポジションの位置をもって扇に例えたわけではないと考えている。

言うまでもなく捕手は重要なポジションであり、プレーは投手の投球ではなく捕手のサインから始まる。さらに捕手だけが他の野手と逆方向を向いていることや、打者の一番近くにいること、ベンチからのサイン（チームプレー、バントシフト、セフティーなど）を身振りや手振りで野手に伝えることなど、**捕手が野球の重要な機能を担っていることから、扇の要と言われるのだと考えている。**

さらに**要と言われる最大の要素は、試合が始まれば助監督にならなければいけないことだ。**助監督として時にはタイムを取り投手のところへ駆け寄ってアドバイスを送ったり、投手コーチをマウンドに呼ぶこともある。ベンチに戻れば投手の出来具合や状態を監督に伝え、投手交代の助言をすることもある。私の監督時代も戻ってきた捕手に投手の状態を聞き、投手交代のタイミングを考えたことが何度もあった。また交代を考えていた時に「まだ行けますよ！」と進言されて交代を思いとどまったこともあった。投手のボールを捕る捕手は、投手のことを一番理解しており心理状態も把握している。**捕手の監督に対する助言は試合を左右することもあるため、助監督と呼んで申し分のないポジションではないだろうか。**

西武ライオンズが黄金時代と言われた時（１９８６年〜１９９４年）には、伊東勤さんが扇の要としての役割を果たしていた。またヤクルトスワローズには古田敦也さん、横浜ベイスターズには谷繁元信さんがおり、強いチームにはきちんと役割を果たす扇の要が存在していた。

福岡ソフトバンクホークスにしても、甲斐拓也がいなければ4連覇はできなかったであろう。彼には配球やリードについて口酸っぱく言い続けたのだが、強いチームとは扇の要がしっかりしていてこそと考えていたからである。ダイエーホークスで優勝した時も、城島健司がいたからこそパ・リーグで優勝し、日本一になれたと思っている。そして彼には甲斐拓也選手以上に厳しく接したことも記憶に残っている。当時は私自身が現役だったこともあり、リードも配球も一から伝えなくてはならなかった。さらにミーティングの内容や情報収集の方法を指導し、相手だけでなく自分を知ることの大切さを伝えた。それをキッカケに城島選手は日々学び、様々な工夫をするようになっていった。それでも彼に足りないところがあれば、「もっと考えろ」「もっと学びなさい！」と言い、決して甘い言葉を掛けることはなかった。その理由はバッテリーを組むのは私だけではないからである。他の先発や中継ぎ、抑えの投手たちとも組むことがあり、彼らと一緒になって勝つためには自分で考え、相手を抑える術《すべ》を身につけなくてはならないと考えていたからである。

私と組んでいる時であれば迷った際に助言をすることができるが、特に他の若い投手であれば、捕手の迷いがそのまま不安となって表れて投手にも伝わり、敗戦に繋がってしまうこともある。ゆえに甲斐拓也選手にしても城島健司選手にしても、**チームが勝って優勝するためには「厳しく接することこそが唯一の方法」**だと思っていた。

勝つことこそがプロ野球チームとしての使命である。勝つことで地元である九州のファンの皆さんに喜んでもらえ、幸せを感じてもらえ、選手たちにも喜んでもらえる。だからこそチームにおける捕手の重要性は高く、要がしっかりしていなければならない。プロ野球の歴史においても、強いチームや勝ち続けるチームには必ず素晴らしい捕手であり、助監督を任せられる選手がいた。どれだけ優れた4番打者がいても、それだけで優勝はできない。私は日本の野球においては秀でた扇の要がいてこそ強いチームができるのだと思っている。

捕手としての自覚を持つ

捕手とは心身ともに過酷なポジションである。自分のことだけを考えて行動していればチームが勝てるというわけではなく、チーム全体や投手のことも考えていなくてはリーグ優勝をしたり日本一になることはもちろん、毎試合チームが勝つことさえままならなくなってしまう。ましてや、人（他の選手たち）は自分の思った通りに考えたり、動いてくれたりはしない。だからこそ、捕手には常に学びが必要であり、理にかなった行動や言動ができないと他の選手たちから信頼されないのである。

捕手として信頼されるために必要なことは、「チームとしての役割や自分の立場を理解して行動ができる」ことであり、その自覚を持っていることである。とはいえプロ選手になって1、2年でできるかといえば無理なことも十分に理解できる。なぜなら10年以上プロ野球の捕手をやっていても、自覚を持つことなく捕手を務めている選手もいるからである。

まずは多くの失敗を積み重ねて反省をし、次への対処や強い意志を持つこと、そして全てを行動力に変える自分なりの信念を持つことが大切であり、そうすることでできなかったことができるようになったり、見えなかったことが見えるようになり、失敗を次に活かせるのだと思う。そしてこの行動を繰り返していくことで扇の要としての自分を理解できるようになり、自分が果たすべき役割を当たり前に行え、自覚が芽生えるのだろう。

日々の練習や試合に集中することがやっとで、学びがなくては一流と言われるような捕手にたどり着くことも、人に認めてもらうこともない。「もうこれでいい」と限界を作ったり、「ここまでやったら十分だろう」と満足したりする選手は自ら成長する可能性を止めてしまう。同時に向上心がなくなってしまうため、そこまでの選手で終わってしまうだろう。

そう考えていたからこそ私は捕手たちに対して、褒めることよりもはるかに多くのことを注意した。「ここができていない!」「もっと配球を考えろ!」「他者を見ろ、観察しろ、理解しろ!」と言ってきた。学び続けることや人の成長に限界はないと思う。たとえ現役を長く続けていたとしても、成長の道半ばである。そう考えられるようになるためには、**自分の役割を当たり前のことだと自覚することが大切であり、「学び続けることをやめない心」を持つことが必要なのではないだろうか。**

捕手の育成は何から始めるのか

捕手の育成の考え方は、その選手が高卒か大卒か社会人野球経験者かによって条件が変わることは言うまでもないが、**プロ野球とアマチュア野球は「全く違う世界」だということを、ここで改めて書いておきたい。**先ほどの条件だが、大卒や社会人野球であれば「即戦力として採る！」ことであり、高卒であれば「将来を見据えて採る！」という違いがある。その一方でプロ入り後のキャンプでの練習は、どの選手も何一つ変わらない。なぜかというと、監督やコーチは同じ練習に臨む選手たちを見て能力を見極めたり、改めて弱点を確認したり、現有の選手と比較して1軍で使えるか否かの判断をするからである。また高卒の選手に対しては、半年から1年をかけて弱点の克服を目指す。そして現在の1軍の捕手と比較し、実力差や年齢を考慮して1軍で使うようになることもある。さらに選手の成長が早かったり、将来性を考えて「少し我慢をして使えばモノになる」と判断した場合には若い選手を起用することもある。監督やコーチは、「(一人ひとりの選手は)何が優れているか」「今の1軍の捕手には何が足りないのか」などを考えて判断しなければならない。**このことは選手の未来を作るうえで大切だが、同時にチームの未来を変えていく必要**

性を忘れてはいけない。

前置きが長くなったが「捕手の育成は何から始めるのか」を書いていきたい。

まずは守り。最初にバッテリーコーチがすることは守備能力の向上である（スローイング、キャッチング、ブロッキングが中心）。投手が投げる球が捕れなければ話にならないため、特に高卒の選手はキャッチング（フレーミング技術）を磨く必要がある。彼らにとってはプロの投手が投じるボールの球威や変化球のキレは、これまで経験してきた野球とははるかに異なるレベルである。そのため構えや足の使い方が上手くなるように指導をしてフレーミング技術を上げていく。また弱い下半身だとケガや故障に繋がる。さらに下半身はキャッチングでも重要で、下半身が上手く使えないとボールを後ろに逸らしたり、手だけで取りに行ってパスボールしてしまう。そうならないように下半身を強化することも重要になる。

次にスローイング。スローイングには「速さ」と「正確なコントロール」が求められる。ソフトバンクホークスの甲斐選手は、捕ってからボールがセカンドに到達するまでが2秒を切り、速いときは1.9秒を切ることもある。ところが普通の捕手は2秒を超えてしまうことが多い。そのためできるだけ速いスローイングができるように指導をしていく。ただし

捕手の育成

1. 守備能力の向上

❶キャッチング（フレーミング技術）…投じられたボールを確実に捕る。構えや足の使い方も重要になる

❷スローイング…速さと正確さを磨く

❸ブロッキング…投じられたボールや返球を後ろに逸らさない。足捌きなど下半身の使い方も重要になる

2. 盗塁の阻止

捕手のスローイングの速さと投手のクイックの両方が必要になる

➡バッテリーの共同作業になる

3. 打撃能力の向上

捕手の特性を活かして相手捕手の配球やリードを読む

➡読んだことを打撃に利用する

盗塁の阻止はバッテリーの共同作業であるため、投手のクイックが遅ければ、捕手の送球が速くてもセーフになってしまうことがある。

そのため捕手だけでなく、投手陣とも連携して指導をしていく必要がある。

次にブロッキングである。現在はホームでのブロックが禁止されているため、このブロッキングというのは投手の投げた球を前に落とすなど、後ろに逸らさないためのブロッキングだ。この技術も習得までに時間を要するもので、足捌《さば》きなど下半身の使い方が要求さ

れる。今の投手は決め球にフォークボール（落ちる球）が多く、止めることに苦労する。投じられたボールによってはホームベースの手前で落ち、どの方向に跳ねるかわからないことがある。したがって、身体で止めに行ったとしても、弾かれて後ろに逸らしてしまうことが多くなる。これは試合で多くの経験をして失敗を繰り返し、練習を積み重ねなければ上達はしない。私が知っている捕手で一番「上手い！」と思うのはソフトバンクホークスの甲斐選手だ。

育成の最後が打撃になるだろう。捕手はどうしても投手の球を捕ったり止めたりし、盗塁を刺し、リードや配球ができることによって評価される。先に述べた「守りの要」と言われる理由でもある。ところが元ヤクルトスワローズの古田さんや元ダイエーホークスの城島さんは打撃でも素晴らしい成績を残している。これは切り替えの方法だけでなく、相手捕手の配球やリードを逆手に取った読み方をし、それを打撃に利用していたのではないかと思う。このような捕手独特の視点や能力を打撃に活かすことも伝える場合がある。

安心して投げられ任せられる捕手になるためには

投手にとって安心して投げられる捕手の条件として挙げられることは、まずはどんな球でも止めてくれることである。ワンバウンドや逸れた球、引っかけてしまった変化球などを後ろに逸らさないということだ。さらにコミュニケーションが取れ、ミーティングができ、相手打線やリード、配球を考えることができること。投手が不安な場面ではマウンドへ行き、どのような場面でも「俺に任せろ！」という姿を見せてくれ、**最終的にはチームを勝たせてくれること。これが本当に信頼でき、安心して投げられる捕手像である。**

プロの世界では一つ勝つこと、ましてや勝ち続けることは至難の業である。当然投手に力量がある前提での話になるが、**投手というのは先発として1シーズンにおおよそ25〜30試合投げたとして、本当に調子のよい試合は2〜3試合ぐらいだろう。**それ以外の試合については、何かしらが上手くいかないものである。例えばストレートの走りが悪かったり、変化球の精度が不安定であったり、集中力が欠けていたりしてしまう。このような状態の投手に対して、捕手は配球やリードによって勝利までもっていかなければならない。そのために重要になることは、投手のことを深く知っておくことである。投手を知ることができなければ、チームを勝たせることも勝ち続けさせることもできなくなるため、信頼される捕手になるのは厳しい！　と言わざるを得ない。

だが一言言わせていただきたい。ほとんどのミスは投手が原因で起こるということを。もちろん捕手の配球ミスやバッテリーの思い違いによって打たれることはあるが、投手がコントロールミスさえしなければ打たれる確率は低くなる。だからこそお互いを理解するために捕手と投手のコミュニケーションは大切であり、必要不可欠となる。

私は監督時代、捕手に対して「よく投手と話をするように」「投手たちの性格を知りなさい」「投手たちに自分の考えを伝えなさい」などと言ってきた。そして私自身はバッテリーのコミュニケーションの輪には入らないようにしていた。私が入ってしまうと、お互いが本音で話をすることができなくなると思ったからだ。試合はミーティングで話し合った通りには進まないものである。イニングや点差、状況によって創意工夫や臨機応変な対応が求められる。そのためには日頃からバッテリーがお互いをわかり合っていることが大切であり、投手にとって考えていることがわかり合える捕手こそが「安心して任せられる」存在になっていくように思う。

自分と「合う捕手」「合わない捕手」という考え方はない

私にとっては基本的に捕手に対して「合う」「合わない」という考え方はない。しいて言えば「打者に対しての考え方」が異なる捕手、つまり野球観の違いが大きければ合わないと言えるのかもしれない。

私がまだ現役時代、それも配球について知らなかった若かりし頃、正捕手であった伊東勤さんのことがよく理解できず、良い捕手だとは思えなかった。その後ダイエーホークスに移籍して他の捕手に捕ってもらうようになった時に、ようやく伊東さんの凄さがわかるようになった。その凄さの一つがサインである。同じサインであっても伊東さんが出したサインは打たれない。ところが他の捕手が出したサインは打たれてしまう。95年と96年にダイエーの投手として投げていた頃は伊東さんと他の捕手の違いについて、「なぜ？」「どうしてなのか？」を考え続けていた。そうしているうちに打者を研究したり、野村克也さんの本を読むことで配球を学ぶようになっていった。そして学んだことを試合の中で試したり、工夫したりして、「なるほど。これはダメなんだ！」と思えばビデオを見直して「次はこうしよう」と考えたり、「打者の反応はこう出るんだ」「その時にこの打者はこのコースや球種を狙っているのか」などと予想をして次の試合に備えるようになった。その備えを続けているうちにいつしか打者の考えや狙いを「見える」「感じる」ことができ、危機管理ができるようになり、見せ球や誘い球の効果的な使い方ができるようになっていったのだ。それからは捕手に対して「合う」「合わない」という考え方をするのではなく、城島選手など捕手たちに教え、自分自身も配球についてより深く考えるようになっていった。知れば知るほど配球が面白くなり、打者の動きやルーティンがわかるようになり、ちょっとした仕草やスイングの違い、タイミングの違いが見えるようになっていった。ダイエーホークス時代を振り返ると、城島選手に教えているようで私も学んでいたのだ。捕手たちに配球やリードを教えるためには、自分自身がそのことを知っておかなければならない。そして危険が見えたり、打者を理解することもできていなければならない。ダイエーホークスでの5年間は、私自身が「バッテリーとは」を深く知ることができ、自分も成長できた時間であった。だからこそ99年の日本一は私にとって格別な思いがある。

もう一度言おう。合わない捕手はいない。合わないのは野球観である。野球観を合わせるために共に学び、共にわかり合えるように会話を重ねることである。時にぶつかり合うことがあっても、お互いが理解し合えたら合わないという考えには至らないと考えている。

捕手に対しての考え方

基本的に捕手に対して「合う」「合わない」はない

➡「打者に対しての考え方」＝「野球観」が大きく異なる
捕手に対しては「合わない」と言えるかもしれない

西武時代　：配球を知らずに投げていた
ダイエー時代：以前は抑えられていた球が打たれるようになる

➡ここで配球の大切さと必要性を学んだ

このことをキッカケに捕手に対して「合う」「合わない」という考え方をするのではなく、自分が深く配球を学びながら捕手たちに教えるようになっていく

野球観をさらに共有できるようになり、お互いを理解し合える

何度も首を振ることの狙い

試合中に投手が首を振ることはよくあり、首を振る行為は悪いことでも間違ったことでもない。**投手が何度も首を振る場合に多いのは、投手が投げたい球と捕手が投げてもらいたい球が合わないサインが出たときである。**このような事態が起こるのは、要は考え方の違いや打者の見方（見え方）が異なるからだと思う。さらに投手が打者のことをどれだけ研究して分析しているのかにもよるし、捕手にも同じようなことが言える。また前の打席で打たれていたり、前の対戦時に打たれているなどの要素もある。つまりバッテリーの思いのほんのわずかなずれが、「首を振る」行為となっているケースが多いのである。

ただし現役中に私が「首を振る」行為をしていた時は、**「打者を惑わすため」であり、「打者にいろいろなことを考えさせるため」であった。つまり奇策である。**したがって、私にとって首を振る行為というのは、何の根拠もなければ何の意図もなかったのである。打者というのは打席の中で、頭で考えながらバットを振ることはできない。何かしらを考える場合には、一度打席を外して考えを整理したり割り切るなどをする必要が出てくる。もしも頭で考えた状態でスイングをしたとしても、「バットを止めたが球に当たって凡打になる」などの中途半端な打撃になってしまうのだ。こうした苦い経験は誰しもがしていると思う。だからこそ**打席の中で「考えさせる」ことが大事**なのである。

私が首を振ったプレーで多くの方に知られているのは、200勝を達成する前後あたりの試合で何度も何度も首を振り、ヤクルトの古田選手が打席を外した場面だろう。その後古田選手が再び打席に入るのだが、それでも私は首を振り続け、再度古田選手が打席を外したように記憶している。その後2ストライクから3球勝負で外のストレートを投げ、見逃しの三振を取ったことを覚えている。これは打者の心理をついたプレーであり、配球とは関係のないものである。おそらくあの時の古田選手は「2ストライクから何を投げるのだろう？」「なぜそんなに首を振らなければいけないのか？」「ボール球を投げる球種に迷っているのか？」「ボールを投じてくるだろう！」などと思っていたと考えられる。そして頭の中が整理できていないところに外のストレートが来たため、バットを出せずに見逃しの三振になってしまったのだろう。この時の真意は本人に聞かなければわからないが、これは打者がいろいろなことを熟考する古田選手だったからできた投球であった。

その後ベンチに戻ってから捕手に対して「あの行為は配球が合わないとかではないよ」とフォローを入れたことも鮮明に覚えている。

打者の好不調によって配球を変える

打者の好不調を知る要素について解説する。この要素にはいろいろあるが、まずは「この3試合の結果」「打撃の内容」「相手投手が得意か苦手か」「インサイドを意識させた後の投球への反応（ストレートも変化球も）」「落ちる球種（フォーク・スプリット・シンカー）への反応と結果」などが挙げられる。さらに前の打席や前の試合の情報、例えば凡打の配球やセットポジションでの配球によってもバッテリーの心理は変わってくる。

打者は調子が良い時には長打のヒットが出やすいが、打てるゾーンは限られるため打球方向や打球の強弱によっても好不調を知ることができる。またどのような打球でも全てバットの芯で捉えた打球ばかりではない。詰まったり、バットの先で当てたりした打球もあるはずだ。さらに体勢が崩されてもヒットになる場合や、ボールに当てただけでも飛んだコースが良くてポテンヒットや内野安打になることも多い。ただ結果だけを見るのではなく、どのような打球や打ち方であったのかも把握しておく必要がある。

それから「足が速い」「左打ち」などの打者の特性によっても変わってくる。また「外野に飛んだフライでアウトであれば良し」と考えたり「ライナーであれば良し」という打者

打者の好不調を知る要素

1. ここ3試合の結果

2. 打撃の内容

3. 相手投手が得意か苦手か

4. インサイドを意識させた後の投球への反応（ストレートも変化球も）

5. 落ちる球種（フォーク・スプリット・シンカー）**への反応と結果**

➡ この5つが基本となる。

さらに
前の打席や前の試合の情報、打球方向や打球の強弱、どのような打球や打ち方であったのか把握しておく

もいる。打者それぞれの考え方によっても変化するため、凡打の内容やヒットと長打の内容をミーティングし、分析して試合に臨まなくてはならない。ただし打者の調子が良いからといって最初から歩かせることを考えたり、「開き直って行け」といった指示ではいけない。どれだけ好調な打者であっても、全ての投球を打てるわけではない。球種やコース、緩急、上下左右の揺さぶりなど、必ず対応できない配球がある。そのため捕手は、投手一人ひとりが持っている打者が対応できない球種がどれなのかを知っておくことが大切である。投手の力量に任せた1球1球ではなく、事前に準備や対策をして配球によって打者を抑える術を身につける必要があることを、捕手には知っておいてもらいたい。

ミーティングを有効に活用するためには

スコアラーが行うミーティングの内容には、「そのまま試合で使えるもの」と「使えないもの」がある。そのため自分自身でデータや経験を基にし、試合前に配球やリードを万全にしておくことが重要になる。またミーティングの内容で使えるものと使えないものを取捨選択し、オリジナリティを融合することが大事である。

試合で使えるミーティング内容の例としては、相手チームの打線の得点のパターンがある。「あるチームは1番打者が出塁してクリーンナップに繋がり得点するケースが多い」「あるチームは1、2番の調子が悪い時は打線の中心であるクリーンナップのホームランによる得点に注意する」「下位打線でチャンスを作り上位打線に回ったケースのほうが多く得点している」などである。また直近の3試合や、この1週間で調子の良い打者、打線の繋がりなど、どのように得点をしているかによって四球を与えてはいけない打者がわかる。例えば調子が悪く、投手の調子が普通なら打ち取れる打者などだ。逆に「好調な打者にランナーがいる状態で回る」「チャンスが広がりそうな場面」など、四球を与えても仕方がないと考えられる打者や場面もある。

試合で使えないミーティング内容の例としては、困った場面で「外角の変化球を投げる」「インサイドを見せてから外に投げて最悪ヒットで済ます」「丁寧に低めに投げれば打ち取れる」などの発言がある。理想はそうかもしれないが、これらの内容はその日の投手の状態によって大きく変わってしまう。例えば「外の変化球の精度が悪い」「インサイドのボールが決まりにくく甘いストレートやツーシームになってしまう」などである。だからこそ捕手は事前に相手打線を研究し、翌日に投げる投手との相性や打線の得点パターン、好調不調の打者、好調な打者がヒットや長打にしている球種とコースとカウント、試合のイニングとランナーの有無などを頭に入れておく必要がある。

ミーティングの多くは参考程度の情報を得ることが多い。しかし前日にシミュレーションをした際に決めきれなかった状況での配球や迷ったケースを尋ねることで、納得できたり、割り切った決断ができる場合もある。特に人の話を聞くばかりの捕手は、前日にシミュレーションをしていないケースが多い。捕手が考えずに思考を停止させると、「試合の状況を読む」「冷静な判断力を持つ」などができずにパニックに陥る。そうなるとどのようなサインを出しても打たれ、大量失点に繋がることがある。捕手が冷静であり、配球の引き出しを多く持つことで勝敗が決まるケースが多いことを知ってもらいたい。

投手の良いところを引き出すために

投手の良いところを引き出すためには、事前に知っておくこと（前）と試合の展開に応じての行動（後）がある。まず引き出すための「前」とは、「投手の性格」「球種」「球速」「コントロール精度」「決め球」「カウントをどのコースと球種で取れるのか」「調子が良い時と悪い時の球威やコントロールの違い」「コントロールミスの出やすい球種」「フォームのずれ」「リズムのばらつき」「バランスの変化」「リリース時のタイミングの違い」などの「投手のクセ」である。

先発の場合中6日でローテーションを回れば1シーズンで25～28試合ほど投げることができ、その中で本当に絶好調な投球ができるのは2試合か3試合あればいいほうである。ということは投球の中で、球威やコントロール、もしくはこの両方に変化が出てくる。また精神面に変化が出ることもある。例えば「ランナーが出ると不安になり、投げ急ぐことで失投になりやすい」「立ち上がりが不安定で失点するケースが多い」「四球から崩れて失点してしまう」などだ。捕手としては、投手のありとあらゆる特徴を捉えておく必要があり、そのうえで「どのように良さを引き出すのか」を考え、配球やリードをしなければな

投手の良さを引き出すために事前に知っておくこと（前）

1. 投手の性格
2. 球種
3. 球速
4. コントロール精度
5. 決め球
6. カウントをどのコースと球種で取れるのか
7. 調子が良い時と悪い時の球威やコントロールの違い
8. コントロールミスの出やすい球種
9. フォームのずれ
10. リズムのばらつき
11. バランスの変化
12. リリース時のタイミングの違い

などの投手の癖やコミュニケーションも重要になる

らない。

それから良さを引き出すためにはコミュニケーションが大事になる。「相手打線の繋がりからの得点パターン」や「好調な打者」、「不調な打者」、「普通の打者」、「相性の良し悪し」などについて話をし、お互いの考えや打線と打者のイメージを共有することから始めなければいけない。試合中に言葉を交わすことができるのは、ベンチに戻ってきた時だけである。マウンド上では投手コーチがマウンドに行った時と、１試合中に２度だけ許されている捕手がマウンドへ行く時だけである（投手に打球が当たった場合や怪我や故障をした場合を除く）。したがって、配球でのサインの交換や身振り手振りのリード以外にコミュニケーションを取る手段はない。だからこそお互いを知っておくことが重要になる。相手選手やチームのイメージが共有できていなければ、「なぜその球？」などの意思のずれが起こる。相手の意図が見えないがために四球や失投が生まれやすくなり、失点に繋がって試合に負けることが出てくるかもしれない。野球には絶対がないため、もちろん試合に負けないことも当然あるだろう。四球が必ず失点に絡むわけではない。失投が１００％打たれるわけではない。ただし失点したり打たれたり、試合に負ける確率が高くなることは理解しておく必要がある。

良いところを引き出す「後」の方法だが、捕手は試合の①前半（１打席目）②中盤（２～３打席目）、③後半（３～４打席目）の配球を考えておかなければならない。

①前半

球威があり１、２球で打者を仕留められない時は、ストレート中心で押していっても良

投手の良さを引き出すために試合展開に応じた行動（後）

➡試合の①前半（1打席目）②中盤（2〜3打席目）、③後半（3〜4打席目）の配球を考えておく

例えば

<前半>

球威がある…ストレート中心で押しても良い

球威が微妙…変化球のコントロールが良い時にはストレートを見せ球にし、変化球で打ち取る

い。球威はそれほどでもないが変化球のコントロールが良い時には、ストレートを見せ球にして変化球でカウントを取り、打ち取ることもできる。

②中盤

まだ球威があれば1打席目の配球と異なる変化の球種を一つ入れるだけで打者の対応は違ってくる。例えば1打席目を外のストレートとスライダーだけで打ち取った場合、カーブがあれば入り球として使う方法がある。また打者が1打席目に速いストレートを意識させられた場合には、見せ球やタイミングの変化として使ったり、追い込んだ後であわよくばバットを出してくれる狙いで誘い球として

使うなど、意識を別の球種に向けさせる方法もある。

それから1打席目を外のストレートや変化球で打ち取った場合、2打席目はインサイドに見せ球を使うと打者の対応が変わる。例えば「インサイドを続けて投げてくるかもしれない」のようにだ。打者の心理にはいろいろあるが、「続けて投げてくるかもしれない」と思わせるためには、「過去に同じコースに続けて投じたことがある」「打者がインサイドに敏感（怖がり）である」などの条件が必要になる。

③後半

球数が増えたことで球威に衰えが見えると、投手の持っている全ての球種を使うことになる（現在、そのような場合は投手を代えることがほとんどであるが）。その理由は打者が球威やコントロールの変化に気づいているからだ。全ての球種を使った配球では、「緩急」「高低」「左右」の変化を使って打ち取ることを狙う。打者によってはタイミングが合っていない球を続けたり、インサイドをより意識させるために続けてみたり、低めに弱点があれば変化球を連投させたりする。これまでの打者の打ち取り方やタイミングの外し方で凡打にしたケースに応じて、捕手は使える球と使えない球を考え、見せ球や誘い球からカウント球（ファウルも含む）、そして決め球までをイメージしてサインを出す。もちろん100％抑えられることはないが……。

結局のところ、投手の良いところを引き出すこととは、「技術面と精神面を理解して覚悟を決めさせてあげる」ことだと思っている。ナイスピッチングをした投手から「捕手の○○さんを信じて投げました。私の良いところを引き出してくれてピッチングすることができました。○○さんのおかげです」といったコメントを聞くことが多い。投手の良さの引き出し方は千差万別である。しかし捕手は投手の良い時や悪い時、普通の時を知り、ブルペンや試合で何ができて何ができないのかを理解することで投手の良いところを引き出し、勝利に近づけさせることができるのだと考える。そしてそれこそ信頼関係を築くことに繋がり、それが勝利投手のコメントのように現れるのだと思う。

俊足ランナーが1塁にいる時の配球と思考

ランナーが1塁にいる場合、バッテリーが考えておくことが大きく分けて4つある。それが①ランナーの足の速さ、②投手のクイックの速さと牽制の精度、③捕手が捕ってからセカンドへ送球するまでの速度、④相手ベンチの作戦である。細かいことを言えばライトの守備能力と肩の強さがあるが、それはベンチにいる首脳陣が考えることになる。

まずはランナーの足の速さである。試合の状況にもよるが、試合の後半や9回で1点取られたら負ける確率が高い場面では、足の速いランナーは非常に脅威となる。私も監督時代にランナーに周東選手（ソフトバンクホークス）を使い、1点を取りにいくことが多かった。もちろんベンチは盗塁を期待するのだが、守備側は作戦上、盗塁だけ気をつけておけばよいわけではない。それでも1本のヒットで3塁まで行かれてしまうケースが多い。さらに普通のランナーであればホームまで帰ることはないが、周東選手のような走力に特化したランナーであればホームに帰ってくるケースもある。ところがこの周東選手のようなランナーを、ノーアウトでも代走として出せない場合がある。それは投手のクイックの技術が高く、捕手のセカンドへの送球スピードがあるバッテリーの場合である。このようなバッテリーの場合には盗塁ができないことが多くなる。では足の速さだけを考えた配球がどうなるかというと、アウトコースへの投球が多くなる。時にはベンチの指示でピッチドアウト（外側の高めのボール球）することもある。これはできるだけ素早くセカンドへ送球したいからであり、インサイドに構えたり緩い変化球を投じられると、捕ってから送球までの時間がコンマ数秒遅くなってしまうことになる。

続いてクイックの速さと牽制の精度を解説する。クイックを苦手とする投手（特に外国人選手）は数多く牽制をする傾向がある。ところがクイックでの投球に1.2秒以上かかるとほぼ走られてしまう。つまり牽制の精度とは、ターンをして1塁に投げるという動作の速さだけでなく、ホームへの投球と牽制の送球の動きがわかりにくいことも大切になる。投手は「無くて七癖」と言われるように、ホームへの投球と牽制の送球に、ほんのわずかであるがクセのある投手もいる。またクセがなくても「牽制するぞ」という雰囲気を出してしまう投手もいる。このようなことはできるだけなくしていきたい。

次に捕手が捕ってからセカンドへ送球までの速度である。投手のクイックが1.1秒、ランナーは3.4秒でセカンドに到達できるとした場合、セカンドやショートがランナーにタッチする時間を含めると2秒と少しの時間で送球が到達しなければアウトにできないことになる。ところが送球の精度が悪ければ、セカンドやショートが捕ってからタッチをするまでの時間が増えることになり、結果としてアウトにできなくなる。そういう点で見ると、甲斐捕手の送球はセカンドの到達まで1.9秒を切る時もある。また送球の精度もずば抜けてよいため、ランナーにとっては非常に走りにくい捕手になる。

最後に相手ベンチの作戦である。例えばノーアウト以外で出さざるを得なかった時にベンチが考える作戦。もちろんそんな時でも盗塁という作戦が無くなることはないし、2アウトでも盗塁を試みることももちろんある。9回2アウトで盗塁が失敗して試合が終わった場面を見たことがあるだろう。前にも書いたが、1本のヒットで帰って来られるほどの走力があるランナーであれば、盗塁させなくても、残りのアウトを取られるまでに点を取れる確率、つまり勝利の確率が高くなる。このような場面では、抑えの投手が絶対的な力を持っていたり、抑える確率が極めて高いということを考える。

人間が冷静に判断して自分の力を発揮する場合、同時に考えられることはせいぜい2つまでである。同時に3つ以上のことを考えると、そのうちのどれかが疎かになる。だからこそ、バッテリーや守備側の思考を増やす足の速いランナーは脅威以外の何物でもないのだ。バッテリーは考えることが増えることでプレッシャーとなり、それが配球に表れるこ

ランナー1塁時に考えておくこと

1.ランナーの足の速さ
➡できるだけ素早くセカンドへ送球したいため、アウトコースが多くなる

2.投手のクイックの速さと牽制の精度
➡ターンをして1塁に投げるという動作の速さ、ホームへの投球と牽制の送球の動きがわかりにくいことが大切

3.捕手が捕ってからセカンドへ送球するまでの速度
➡おおよそ2秒で送球が2塁に到達する

4.相手ベンチの作戦
➡抑える確率が極めて高いプレーを考える

とがある。それが①で述べた外側へのボールが増える理由である。だからといって捕手は「インサイドは投げない」「変化球は使わない」ということをしない。このような偏りが出ないために、クイックの速さや牽制の精度、送球の速さと正確性を日々の練習によって高めているからだ。

夫婦に例えられることが多いバッテリーの理想的な関係とは

投手のほうが（もしくは捕手のほうが）上か下かや強いか弱いかという話ではなく、昔の投手は「自分の投げたい球を投げて打たれても後悔はない」と思って投げていた選手が多い。また昔は今ほど配球やリードを重んじていたわけではない。それを変えたのが野村克也さんであり、日本に配球やリードを広めた先駆者だと思う。結局大切なことは、バッテリーとは共同作業であり、上下や強弱の問題ではないということである。もちろん年齢が上か下かでもない。投手が年上であったとしても、捕手は投手に対してお伺いを立ててはいけない。何が良くて何が悪いのかを話し合い、お互いが納得してサインを出したり投げたりしない限り、お互いにとって良い結果には結びつかないからだ。

私が現役時代、自信がない捕手はお伺いのサインを出していると感じていた。ダイエーホークス時代には、城島選手に対して時折そのように感じたことがあった。そんな時はベンチに戻ってから話す時間を設けるようにしていた。「決して間違いやミスではない」「相手のことがわかっていない」「ミーティングの内容を鵜呑みにしすぎた」「困った時の配球（困った時はアウトコースや変化球）をした」「打者をどの球種とコースで打ち取りたいかの意図がない」などとよく話をした。

監督時代は、投手の首振りが多かったり、サインが合わない場面を見た時には結果が悪かったように思う。どちらかと言えば捕手の甲斐選手には迷いがなく、投手のほうが迷っていると思えるシーンが多く、甲斐選手には「投手を引っ張っていってほしい」と思ったことを覚えている。このような時は投手の投げたい球に合わせず、「俺に任せろ」という言葉が必要だと思っていた。私が監督を務めていた最後の2年ほどは、甲斐選手から「引っ張る！」「任せろ！」という言葉が出るようになり、少しずつチームの要として成長してくれたことを嬉しく思っていた。ただし「捕手としてさらに上を目指し、成長をしてほしい」と思っていたため、彼を誉めることはほとんどなかった。万が一「これで俺も一人前だ」と思ってしまうと、努力や探求心、向上心をなくしてしまうかもしれない。私は「停滞は後退の始まり」だと考えているため、彼にはそうなってほしくなかったのだ。実際に停滞から後退してレギュラーを外された捕手をたくさん見てきた。「お前はそうなるな！」と今でも甲斐選手に対して思っている。

バッテリーの相性を上げ、意思の疎通を高めるためには

バッテリーはいろいろな表現をされる。例えば夫婦であったり、電池の＋と－であったり、上司と部下（上司の右腕）である。考え方は様々だが、大事なのは**お互いの考えがわかっていることであり、お互いの強み弱みを理解できていることである。**全てがわかり合えなくても、野球観や野球に取り組む姿勢は共有できていたほうが良いだろう。共有しておいたほうが良い理由は、ここぞという時に大きく影響するからだ。ここぞという時に考え方が違えば状況の見え方が変わる。見え方が変われば不安になり、不安が増せば信頼関係にまで発展しかねない。

お互いを知っているからといって「かばい合う」関係ではなく、**お互いを知ってわかり合えているからこそ、「お互いに苦言を言い合える」**のだと思う。私はバッテリーとはそのような関係であってほしいと願っている。

それから私はバッテリーには相性はないと思っている。違うとすれば野球観や取り組む姿勢であり、それらの考え方の違いからバッテリーが組めない可能性がある。その場合にはバッテリーコーチやピッチングコーチの意見をもらい、お互いの考え方を取り入れ、ミ

ーティングをする。そして何か間違っていることがあれば自分たちの考え方を改めるという謙虚な姿勢が必要だと思っている。それでもお互いに納得できないところがあれば、ピッチングコーチとバッテリーコーチが監督に意見を聞き、最終的には選手とコーチを含めたミーティングを開くことも一つの解決方法ではないかと思う。

相手を受け入れる心の広さがなければ、プロの世界で長くバッテリーとして勝つことも勝ち続けることも厳しくなる。プロの世界は1年通用したからといって、5年も10年も通用し続けられるとは限らない世界である。同じ投手や打者に何回も何十回も抑えられたり、打たれたりしていては生きていけない世界なのだ。だからこそ考え方の柔軟性や応用力は早めに身につけておいたほうがいいし、何よりも少し勝ったぐらいで天狗になっているようではその先の未来はない。

意思の疎通をする際に間違えてはいけないことは、自分の意見を聞いてもらうことが大事なのではなく、他人の意見を聞いて自らが取り入れる寛容さを持つことである。つまるところ「信をもって為す」である。

投手や監督が捕手に求める要素とは

私が現役時代に捕手に求めた要素と、監督時代に捕手に求めた要素は少し違ってくると思っている。

現役時代であればまずは「キャッチング（フレーミング）」。これだけは譲りたくない捕手に求める技術の一つである。ストライクをボールと言われてしまうことがある。配球においても、そこから打者を打ち取るにしても、ストライクをボールと言われてしまうと全く組み立てが変わってしまうことになる。

私は現役の時、ミーティング後にほぼ1人でシミュレーションを行うのがルーティンであった。まずはランナーがいない想定で打者を1巡し、次にランナーがいる想定で1巡といったようにシミュレーションを行っていた。ランナーがいない1巡目は、「カウント球」「見せ球」「誘い球」「決め球」などをどのカウントで使い、どう打ち取るのかを行う。ランナーがいる1巡では、1塁ならダブルプレーをシミュレーションした配球のイメージを作り、ランナー2塁であれば、三振や内野ゴロ、浅い外野フライをイメージする。

浅い外野フライをイメージする理由は、1巡目でピンチが訪れるような自分の立ち上がりを想定し、少なくとも調子がそこまで良くないことも考えておかなくてはいけないからだ。この場合「いかにしてタイミングを外すか」を考え、シミュレーションしておく。想定しておけば、万が一それがヒットになり、得点されたとしても冷静でいられ、気持ちを切り替えられる。もしも上手く気持ちを切り替えられなければ失点が2点や3点になる可能性が高くなるからだ。投手は一つのミスや失点から崩れ、自分を見失ってしまうことがある。そのような時でも、まずは自分が冷静かつ切り替えが上手くできるよう、ピンチも含めた状況をイメージしておいたほうがいい。**長いシーズンで肉体的にも精神的にも良くない時のほうが多いことを考えれば「ネガティブな考え」と捉えるのではなく、ピンチも含めて想定内にしておくことは投手にとって大事な要素の一つだと思っている。**

捕手に求める要素に話を戻そう。キャッチングができれば、あとは捕手とのコミュニケーションが大事だと思っている。捕手は打者と一番近いところに座っているので、打ったタイミングや凡打時の仕草や発する声など、打者から得られる情報は投手の比ではない。そういった打者の様子が見られる観察眼を磨くことで配球も変わり、リードも変わってくる。あとは経験である。失敗することはたくさんあるが、その中から次に活かせるヒントをいくつ得ることができるのかが大事である。**失敗を失敗で終わらせるのではなく、次に**

捕手に求める要素

監督として

1. 投手と同様の3つの要素
➡正捕手として最低限の要素である

2. 扇の要としての役割
➡グラウンドでは助監督である

3. 経験による成長の可能性
➡冷静に考え、観察力や洞察力を磨ける選手になることへの期待

投手として

1. キャッチング（フレーミング）
➡ストライクがボールと判定されると組み立てが全く変わってしまうため

2. コミュニケーション
➡打ったタイミングや凡打時の仕草や発する声など、打者から多くの情報を得ているため

3. 経験
➡多くの失敗から活かせるヒントをたくさん得ること

活かすことを繰り返すことで捕手として成長していくと考えている。

さて監督として捕手に求めた要素だが、これまで挙げたことにプラスして扇の要としての役割である。そのうえでその捕手が経験によって成長できるかできないかで、起用するかを決めたこともある。またあえて試合に出さない時間を作ることもあった。その理由は他の捕手を見て学んでもらいたいからであり、他の捕手のプレーをベンチから冷静に見て「自分だったらどう

するのか？」を考え、観察力や洞察力を磨いてほしいからだ。試合に出場していると、冷静になれないために見えないものや、気づかないことがたくさんある。ところがベンチから冷静に見ることで見えるようになる要素もあるのだ。

「灯台下暗し」とはよく言ったものだ。足元から見えずして一歩は踏み出せず。石橋を叩いて渡ることも時に必要だと思っているし、監督にも時には必要な考えだと思っている。

選手は一つのミスでトラウマになったり、イップスになることさえある。ミスをした選手たちをトラウマやイップスにさせないためには、「自分にできることはやっておきたい」ものである。その瞬間、選手にとって「（その判断は）なんでだよ！」と思われてもトラウマやイップスになった後では「後悔先に立たず」となるのは間違いないのだから。

3～5年が経てばわかってもらえる日が来るかもしれない。その日まで選手たちが現役を続けていけるために、私は「選手たちに厳しく接しなければならない」と覚悟を決めていた。若い選手たちにはまだ見ることができない未来を、どのようにして見える未来にしてあげられるかに関しても監督やコーチの大きな役割だと思う。「覚悟がなければ監督やコーチをやってはいけない」。「全ては選手たちの未来のために」である。

捕手の一言で気持ちを入れ替えられた経験

若い頃の経験は重要で、その経験によって「これからプロの世界で生きていけるのか、そうではないのか」「一つのチャンスをものにできるのか、そうではないのか」という全く異なる人生になることもある。

私がまだ若かった頃、先発のチャンスをもらったのだが4回途中までしかもたなかったことを覚えている。ところがその頃チームに左投げのリリーフが少なかったため、当時の広岡監督に1軍に置いてもらえ、その後も先発のチャンスをもらうことができた。その結果少しずつ私の経験値が増していったが、間違いないのは捕手の方たちの配球やリードがあったからこそ、先発投手陣の仲間入りができたことである。

入団当時、私は対左打者のワンポイントリリーフとして起用されていた。その頃は134〜135㎞/hの球速しか出せず、武器と呼べるものはカーブしかなかった。それでも1軍に置いてもらえたのはカーブの曲がりの大きさと、打者のタイミングを外すことができたからだろう。

当時の先発投手は、エースの東尾さん、松沼兄弟、森繁和さん（後に抑えになる）、高橋直樹さん、杉本正さんだったと記憶している。広岡さんはこの中の5人でローテーションを回すことが多く、空いた先発の枠をチャンスとして若い投手に与えてくれていた。私が初めて長いイニングを投げられたのはプロ4年目で、南海ホークス（現ソフトバンクホークス）の難波球場だった。捕手は黒田さん（南海ホークスからトレードで西武）で、毎回のように「1人ずつ全力で来い！」「先のことは考えるな！」「俺のミットだけを見て投げてこい！」と声を掛け続けてもらったことで、イニングも得点も気にすることなく結果7回を2失点で投げることができた。投手は味方の打線が得点を取れば気になり、イニングを重ねて5回になれば勝ちを意識するようになる。特に経験のない若い投手の場合には、このような思いが強くなってしまうのも仕方のないことである。しかし、大先輩の捕手から「俺のミットだけ見て投げてこい」という言葉を掛けられたおかげで、私は集中して投げることができた。その言葉に真剣さと勝たせてやりたいという思いがあったからで、それが私に伝わってきたからではないかと思う。

あの時掛けていただいた「俺のミットだけ見て投げてこい！」は、その試合以降も苦しくなった時やピンチを迎えた時、最後の1人を打ち取ったら勝利投手になれる時など、自らに言い聞かせて投げていた。あの時の黒田さんのミットは大きく見え、投げやすかったことを鮮明に覚えている。私が投球に集中していたこともあったと思うが、黒田さんの捕手としての構え方、投手に対する構えの見せ方を一つのお手本にしていた。それからの私は見せ方や考え方にこだわるようになり、投げる時にミットが動いたり、見え方が悪い捕手に対して注意することが多くなった。それは**私がプロの世界で初めて見つけた「こだわり」**でもあった。

　結果としてこの１９８５年のシーズンは先発陣に入ることができて８勝を挙げた。また、規定投球回（当時は１３０試合）を投げ、初めて防御率のタイトルを取ることができた。

捕手の性格による配球やリードへの影響

野球において、選手個々の性格はとても重要で大切な要素の一つだと私は思っている。野球選手たちは基本的に負けず嫌いであり、過去のほとんどの捕手たちも負けず嫌いだった。そのなかで私が最も負けず嫌いだったと思っているのは、城島選手（ダイエーホークス）だろう。彼に一言言えば二、三言が返ってくる。性格的にサバサバしたところがあり、何でも言いやすかった。なかにはおとなしくてなかなか自分の考えを言えない捕手もいる。そのような選手にはわかりやすく説明したり、一緒に映像やデータを見ながら話すこともあった。ところが城島選手の場合は反骨心があり、「調べてこい！」「見て勉強してこい！」と言うと、次の日までにきっちりと実行していた。本人としては「？」と感じることもあったのだろうが、人に頼ることなく自分の頭で考え、答えを出そうとしていたように感じる。そんな彼が唯一相談相手にしていたのが、当時のバッテリーコーチである若菜さんだった。若菜さんは城島選手の肩を持つわけでもなく、私の考えを非難するわけでもなかった。城島選手の相談に乗りながら私が出した課題に対して、「工藤にも考えがあるのだろう」というようなことを言ってくれたと思う。そうでなければ翌日に映像を見て得たデータを頭に入れて来ることなどできなかっただろう。若菜さんには本当に助けられた。

私が現役の頃は、「困ったら外」という考えが色濃く残っていた（もちろん今でもあるが）。これは間違いではないが、時には危ないボールにもなる。特に初球は配球において最も難しいとされる。入りがボール球であれば大きな問題が起こることは少ない。ところが例えばアウトコースへのストレートでカウントを取ろうと決断する場合、打者の特徴やデータを頭に入れ、状況を考えたうえでなければサインを出すことは難しい。なぜなら初球は打者の考えがわかりにくいからである。

1球でも投じれば身体の反応やバットの動き、タイミングの取り方で、ある程度打者の狙いを予測できるが、初球はこれまでのデータや対戦経験から導き出すしかない。打者の反応を見ることができない場合、捕手にとっては賭けに等しい。その際に性格がおとなしい捕手であれば、危険性の高い配球は求めないだろう。一方で負けず嫌いな捕手は大胆な配球を求めることも少なくない。また前の打席で打たれた球種やコースを次の打席の初球で要求したり、打者が見逃せば同じコースを要求したりする傾向もあると感じる。実はデータをしっかりと解析した結果の配球なのかもしれないが、周りから見ていると「強気のリード」と言われる。性格が配球に表れる例として書かせていただいた。

捕手のメンタルが配球やリードに与える影響

今やどのスポーツにおいてもメンタルケアが必要となっている。メンタルが強い弱いという話からは少し外れるが、今の時代は面と向かって話すことよりも、SNSなどを通じてコミュニケーションを取ることが多い時代となった。そのため監督やコーチたちもコミュニケーションの方法を考え、ツールを上手く活用することが必要になっている。

プロの世界ではメンタルが崩れて落ち込んでしまい心療内科に行く選手もいる。私も心療内科の先生の話を聞き、選手たちのメンタルが崩れてしまった場合の対処の仕方を学んだこともあった。我々が若かった頃にはあまり目にすることがなかったのだが、同じようなことで悩み、出口を見つけられずに長く苦しんでいる選手たちはいた。当時は自分で解決しなければいけない時代であり、コーチに相談をしたとしても「そんな弱いことでどうする！」と言われるだけで解決に繋がることはなかっただろう。何よりそもそも相談ができるような雰囲気でもなかった。プロの世界でメンタルを崩してしまう最大の要因は「不安」だと思う。将来への不安やこの仕事を続けていけるのかという不安、レギュラーを降ろされてしまうかもしれない不安など様々な「不安」によってメンタルの不調が引き起こされてしまうのだ。不安な気持ちになってしまうと、そこから抜け出す方法がわからずに堂々巡りのような状態になってしまうのではないだろうか。

配球に話を戻すが、こうしたメンタル的な要素も配球を考えるうえで大きな影響を与えると思っている。配球は勝敗に大きく関わるため、打たれる恐怖など捕手にとって大きな重圧になりかねない。投手にも同じことが言える。ブルペンでは素晴らしい球を投げているが、試合でマウンドに立ち打席に打者が立った途端に人が変わったようにストライクが入らなかったり、ボールを置きにいって打たれてしまったりする。これも打たれる恐怖や打者に当ててしまう死球への恐怖などが要因である。それも突き詰めると、要はコントロールができないから恐怖を感じて不安になるのであり、これまでそのような投手をたくさん見てきた。

打たれる恐怖を考えると、「自分の配球やサインは正しいのだろうか？」「次に投じる球を待っていたらどうしよう」といった自信のなさや過去に打たれた経験が影響しているように思える。どのような球を投げても打たれなければ恐怖を感じることも、不安になることもないだろう。そのためにはどうすればいいのかというと、「立ち向かう勇気」を持つことではないだろうか。野球に１００％はない。これは配球も同じである。不安な状態でデータや映像を見ても、打者に打たれるイメージしか浮かばないだろう。例えば映像で凡打のシーンがあったとしても、「もう少し甘かったらヒットを打たれていた」「もう少し高かったらホームランになっていた」などのネガティブなイメージになってしまい、そのまま試合で同じサインを出すとイメージした通りのネガティブな結果にしかならないと思う。だからこそ、まずは立ち向かう勇気を持つことが大切である。

立ち向かう勇気を持つために必要なことは打者を知ることに尽きる。先ほどの凡打の映像の話で例えると、「あそこの変化に弱いぞ！」となる。凡打になる前にどのようなボールを投げ、どのような変化をしたのかに着目することで思い浮かぶイメージは大きく変わる。結果的に速い球を意識させられたから少し甘めの変化球であっても凡打にできたとわかれば、「今日は打者が意識した球種の逆の球を投げよう（ストレートを意識したら変化球を投げる）」などの作戦を立てる。あとは結果が出た後に考えるようにする。

ネガティブにならず、前向きに捉えるようにすること。打たれたら次また考えれば良いのだ。**この積み重ねこそが配球であり、投手をリードをする方法を見つけるための手段であると思う。投手もネガティブな思考の捕手に配球やリードをしてもらうよりも、前向きでポジティブな思考の捕手に自信を持ってサインを出してもらうほうが良いに決まってい**

る。

打たれて試合に負けてしまったらデータや映像を見て反省し、「ここでもう1球さらに意識させられたら、少し甘くても凡打になるかもしれない」などの対策を考える。「打たれる前の球に打者が反応しなかったから次の球を打たれたのかもしれない」など考えられる要因を分析し、次に同じミスをしないように考えることが大事である。そうすることで「次の試合ではこうしよう」「試してみよう」といった次に繋がるポジティブな思考が生まれやすくなる。

目で見て、書いて覚え、実戦で試す。これを繰り返すことでしか配球やリードが良くなる方法はないと思う。繰り返しになるが、「野球に100%はない」「打率3割の一流打者でも7割は失敗する」と考えられたら、ネガティブになる必要がないことを理解してもらえるだろうか。打者の特徴や強いコースや球種を知り、追い込んだ後の傾向を知れば知るほど不安がなくなり、勝負が楽しくなると思う。その姿を見て、ファンの皆さんもハラハラドキドキしながら楽しんでくれているのだから。

第3章

18・44mのコミュニケーション

配球の心構えと捕手の役割

アウトの取り方には大きく分けると、①三振（見逃し含む）、②ゴロでのアウト、③フライでのアウト、④フォースプレーでのアウト（前の走者がアウトになり打者はランナーになる）、⑤ダブルプレーでのアウト（前の走者と打者ともにアウトになる）の5つになる。時にはトリプルプレー（1つのプレーで3つのアウトを取る）もあるが、滅多に起きることはない。また走者の判断ミス、例えばフライでタッチアップするがアウトになる、ゴロで飛び出してランダウンプレーになりアウトとなる、などもあるが、配球は基本的に「どのように打ち取るか」と考えて始まらなければならない。要は投手が投げなければ、「打者がどのような球種やコースを待ち、どこに打とうとしているのか」がわからないのだ。したがってこれまでも述べたように、配球で最も難しいのは入り球（各打者の初球）になる。だからこそデータや打球方向、得意な球種やコースについては事前にミーティングを行い、資料や映像などを見て相手を研究し、シミュレーションをしておかなくてはならない。また自軍の投手の対戦成績や過去のデータなどを参考にして、配球を考えておかなくてはならない。そのようにして打者が狙っているコースや球種を見極めることが大切である。

配球には第2章で詳しく述べた捕手の存在がキーとなる。捕手は責任が重く、最も重要なポジションでありながら、試合に勝っても称賛されることはほとんどなく、多くの場合で勝利の立役者は投手になる。投手が投げなければ試合は始まらないと言われるが、そもそも捕手がサインを出さなければ、投手が投げる（始まる）ことはないのだ。

捕手は試合の始まる前に相手打線を研究し、一人ひとりの特徴や調子などを頭に入れ、シミュレーションを行ったうえでブルペンにて投手の調子（ストレートの走り、変化球のキレや精度）を実際にボールを受けて確認する。投手の調子が良ければよいのだが、悪い時には顔を見ながら気持ちを盛り上げるなど気を使うことが多く、試合までの10～20分という短い時間でシミュレーションをやり直す場合も出てくる。最も頭を使わなくてはならないポジションなのである。

投手にはブルペンで調子が良くなくても、試合が始まれば緊張感からか急に調子が良くなる選手もいる。それは投手なりに調子の悪さを自覚し、それによって緊張が増すことでアドレナリンが出ることがあるからだ。捕手はそのようなことも頭に入れ、試合が始まった後は「投手の調子が変わったのか」「調子がブルペンと変わらないのか」を確認する。そして試合の中でもう一度確かめながらシミュレーションを行う。もしもストレートが走っていなければ、インサイドの使い方や緩急を考え、ある程度のコントロールができる変化球を確かめなければならない。ストレート、変化球ともに良い時やコントロールが良い時は、不用意な球を投げないように気をつけておけば大きく失点することもないだろう。

試合の組み立てについても試合前のミーティングやシミュレーション通りに進むこともある。捕手にとっては自分のリードや配球によって打者を打ち取ることが簡単にできたり、作戦通りに仕留められたり、三振に取ることができる。このような体験をすると、捕手というポジションの魅力に取りつかれてしまうのだろう。だが、ほとんどの場合はそうはならない。だからこそ「低めに！」「ボール球から！」「初球は気をつけろ！」「1球外せよ！」など身体を使って身振り手振りで投手に促したり、自覚させたりする必要がある。自分の考えを「どのようにして投手に伝えるか」、「次の球をどうイメージさせるか」ということも捕手の仕事になる。

投手の最大の敵は「不安」である。その不安感が捕手の仕草一つで意識ごと変えられたり、1球に込める思いが変わってくるものである。投手の「不安」をいかにして「安心」に変えるのかということも、捕手の大切な役割になる。

投げたボールが全て打たれるわけではない。捕手が導き、支え、投手が「彼が出すサイ

試合に影響する投手の要素

- □ ブルペンでの調子
- □ 試合の調子
- □ 球場（ドーム・外・風・天候・マウンドの高さ）
- □ 投手の性格
- □ 点を取った後や点を取られた後の変化
- □ スタミナ・球威・コントロール・精度
- □ 精神状態（メンタル）の変化による
ボールの変化や崩れ方
- □ リリーフ陣の強弱

ンなら打たれてもなんとかしてくれる」「勝利に導いてくれる」と思えたら「信ありて心通ず」の如く、投手は思い切って腕を振ることができ、結果を恐れず投げられるのである。

投手と打者で最も大切な要素

投手の目線から言えることは、第一に打者の嫌いなコースを攻めること。手出しの少ないコースや手を出してもファウルになりやすいコースを攻める。カウントがボール先行になった場合には、1球だけでなく2球続けて投じて並行カウントに持っていく。投手からすれば、できるだけ早く打者を追い込むことが大事になる。そのためには打者のデータや性格を知ることが必要になる。

打者からすると、自分の良いタイミングの中にボールを呼び込み、理想的なスイングで打つことを大切にしている。配球とは「打者に思うようなスイングをさせずにアウトを取る」「スイングの型を崩してアウトに取る」といった意識をさせることで、手が出せなくなるように仕向ける。投手はそのために球種やコントロールが必要であり、投球フォームの技術（打者のタイミングをずらす）が必要になる。そして捕手はデータや傾向、性格、好き嫌いなど様々な要素を知ったうえで投手にサインを送り、1球ごとの意図を伝えていく。

投手と打者で最も大切な要素を挙げるとしたらメンタル（気持ち）の部分である。厳しいプロ野球の世界で戦い続けられる精神力や身体の強さは、投手も打者も持っておかなければならず、それなくしてプロの世界で長く戦うことはできない。現在、プロ野球選手の平均在籍年数は1軍で8～9年、2軍で5～6年である。1軍で出場している一流の選手でさえ8～9年なのである。「良く頑張った」と思う方もいるだろうが、15年や20年もの間現役を続けている選手がいることを考えれば、それだけ多くの選手が1年や2年で2軍暮らしになるということだ。その原因のほとんどが怪我や故障である。これを防ぐためには、プロに入った時からいかにして身体を鍛え、強くし、精神を鍛えなければならないのかが理解いただけるだろう。**自分の限界を超えるくらいの苦しい練習に耐えてこそ強い身体と心ができる。そう考えると、苦しい練習に耐えるためのメンタルが最も重要な要素だと言えよう。**

　私の場合は、ひたすら自分と向き合い、「これでもか」と身体をいじめぬいていた。その時でも投球のイメージだけはなくさないようにし、「この筋肉はピッチングで重要だ」「鍛えておかなければシーズン途中でバテてしまう」などと考えていた。誰よりも考え、工夫し、時間をかけて鍛えていた。厳しいトレーニングに耐えた自信や積み重ねた自信が、実際にマウンドへ立った際に大きな自信となっていたのである。

「アウトコース低めに投げて打たれたら仕方ない」は本当か？

はじめに指摘したいことは「仕方ない」という表現である。この言い方自体が良くない。投じる前に「どのようにして打ち取るのか」を考えに考え、試合ですべきことを全て行ったにもかかわらず打たれたのであれば仕方ない部分もあるが、ただ言葉だけを聞くと「やみくもにアウトコース低めに投げる」と感じてしまう。結果が同じであっても両者は全く質の異なることである。

やみくもに「外から入れば大丈夫だろう」と考えて投じた結果打たれてしまうと、2打席目やそれ以降の打席でも打たれることが頭から離れなくなってしまう。ピンチであればあるほど四球が多くなり、ボールカウントも悪くなりやすい。そしてやむを得ず勝負をして打たれ、失点してしまうケースが多くなる。つまり「アウトコースの低めに投げてはいけない」ということではなく、投げるにしても「根拠を持ちなさい」ということであるのだ。

結果は良い時も悪い時もある。だがそこに根拠があれば、打者をより知ることができるヒントがあり、それが次の対戦に活きてくる。**バッテリーは全ての球に根拠を持ち、全て**

の球に意味を持たせなくてはならない。今後も同じ打者と対戦することを考えると、抑えるための方法論はいくつも用意しておかなくてはならない。

その方法論の一つに繋がるが、投手には投手ならではの技術が必要になる。ソフトバンクホークスの和田投手のように「腕の出所が見にくいフォーム」や阪神の青柳投手や西武の平良投手のクイックのように「タイミングが合わせにくいフォーム」で投げることができれば、打者はタイミングを合わせるまでに多くの時間や打席数を要する場合も出てくる。また捕手は投手の特徴を踏まえて配球を考える必要があるため、打者との間合いをはかり、打者の情報を握ったうえで配球を組み立てる。そうすれば投じた球にタイミングを合わせられた長打やホームランを減らすことができるだろう。

いろいろな要素の中で最も大切にしてほしい投手の条件はコントロールの精度である。もちろん球威も大きな武器になるが、本当に困った時というのは投手自身がコントロールに頼る傾向にある。それを如実に表しているのが打たれた後の投手コメントで、「球が高かった」「甘く入ってしまった」「投げてはいけないところにいってしまった」などコントロールについての発言が多いのである。

打ち取る確率を上げるためには

バッテリーは打ち取る確率を上げるため、打者自身に考えさせようとする。それによって打者に迷いが生じ、結果として手が出なかったり、凡打になるケースが多くなる。また、経験のある打者は配球を読んで打ってくるため、初球は外から入る傾向が多ければ、当然アウトコースを狙いにいく。それを予測して捕手は「初球はインサイドから入ろう」などと配球を考える。すると打者は「なぜインサイドに投げた？」と打席の中で考えることになる。考えてしまうことで冷静な判断ができなくなり、たとえ本来はアウトコースを連続して攻めてくるバッテリーであったとしても、「またインサイドに来るか？」と考えてしまい、アウトコースに手が出なくなってしまう。

他にも打ち取る確率を上げるために有効になるのがインサイドを上手く使うことである。その理由の一つが、インサイドのボールが目や身体に近いこと。打者はインサイドに投げられること自体を嫌うのではなく、それによってデッドボールなど怪我に繫がることを嫌うのだと感じている。またインサイドのボールによって身体をひっくり返された場合、その次のボールを打ちにいく打者はほとんどいない。なぜなら「また同じコースに来るので

打ち取る確率を上げる

1. 打者に考えさせる

➡迷いが生じて打ち損じが増える

2. インサイドを上手く使う

➡デッドボールを嫌う打者の目や身体に近いため

例えば

インサイドへの投球で打者の身体をひっくり返す

➡打者がアウトコース狙いでもインサイドを警戒して踏み込み切れない

は」という怖さが出たり、「次のボールはアウトコースに来る」と読んで打とうとしても「インサイドに来たら避けられない」という思いが頭に浮かぶからだ。

つまりインサイドへの投球は、「見せることで打たれる確率を下げる一つの方法」なのである。

なおインサイドに1球投じることは、それによって打者の思考を変化させることが目的であり、打者に当てたり、「当たってもいい」と思って投げるコースではないことは知っておいてもらいたい。

良い四球と悪い四球とは

良い四球というのは、例えばピンチでファーストが空いている状況で出す四球である。ベンチからの申告敬遠の指示で歩かせる場合もあるが、ここで敬遠を選択しないケースもある。その時の打者を探ったうえで結果四球になる場合は問題がないと考えられる。

一方で次が4番打者であるにもかかわらず3番打者を歩かせるのは悪い四球である。他にもノーアウトランナー1塁での四球やノーアウトランナー1、2塁での四球も当然だが悪い四球となる。なぜなら失点や大量失点にも繋がりかねないからである。

四球の良し悪しは、その時の調子や状態を含めて次の打者やその時のランナーの状況を踏まえて判断する必要がある。ベースが空いている状況で、調子の良い強打者と対戦するよりも次のあまり調子が良くない打者と勝負をしたほうが失点の確率が低くなるような場合の強打者に対する四球は良い四球と捉えて良いだろう。

セ・リーグであれば2アウト2、3塁で8番打者を歩かせ、9番打者である相手投手との対戦を選択する場合は良い四球と言えるだろう（代打が送られるシチュエーションは考慮する必要があるが）。一方で相手投手である9番打者に四球を与え、1番打者に繋がった場合は誰が見ても悪い四球だろう。

次に満塁の場面で調子の良い4番打者を迎えた場面をイメージしてもらいたい。ちなみにこれから述べることはほとんど実践することがなく、捕手の心理的にそのようなことも考える程度に留めていただきたい。それは「甘い球をホームランにされるのであれば、四球で歩かせてでも1点で抑える」という4番打者と勝負をしない選択肢だ。滅多に選択することはないが、そのような選択をした場合、捕手は投手には伝えない。なぜなら「勝負をしたい」と考える選手がほとんどだからだ。「自分が投げたら打たれてしまう」「抑えられないと思われている」という行動に対して、多くの投手は「自分の能力を否定された」と思ってしまう。投手のプライドや精神状況を考慮しつつ、捕手はいかにして失点を防ぐ、もしくは最少失点で抑えるかを考えてリードをする必要がある。ピンチで4番打者を迎えるという興奮しやすい状況であっても、バッテリーはしっかりとコミュニケーションを取ること。これも捕手に必要なリードである。例えば「このコースは危ないぞ」「ボール球から入ろう！」「ここは低めだぞ、ボールでもいいからな！」「この場面でのインサイドは絶対甘くなるなよ！ボール球だぞ！」「最終的に四球になっても仕方がない！」など、強い意志を持ってサインを出し切る。その結果凡打に打ち取ることができれば、「ラッキーだ」

と割り切って考える。

当たり前のことだが、ストライクゾーンの中でも特に甘いコースは打たれる確率が高くなる。横幅ギリギリや高さギリギリのコースは、本来は意識を持たなければ打つことは難しくなる。それでも**投手というのは、「四球は出したくない」と考える**。その結果満塁の場面でも、コースギリギリを攻める投球という意識が薄れてしまう。そもそも押し出しで失点をすること自体はどうしても避けたいため、投手は満塁での四球を避けたがる。その結果コースが甘くなり、長打による複数失点というケースもよく起こってしまう。

例えば1アウト満塁で好調の4番打者を迎えたとする。この時に捕手は「次の打者は状態が良くない」「低めの変化球を引っかけさせてダブルプレーも狙える」「この4番打者は押し出しで歩かせてもいいだろう」「そうすれば1失点で抑えられる」など、様々な要素やシチュエーションを考えている。それによって投手は安心感を持って、目の前の打者との対戦に集中できるのである。**捕手は常にその先を考えているため、そのような考え方を踏まえた良い四球や悪い四球というのも存在する。**

目の錯覚を使う（上下・左右・前後の錯覚）

配球において「上下」「左右」「前後」という言葉は良く出てくる。しかし「錯覚を使う」という表現はあまりしない。私がなぜ錯覚という言葉を使って説明するのかというと、打者は目で見て反応し、タイミングを取ってスイングするからである。「目で見る」ことでしか「打つこと」も「タイミングを取ること」もできないため、「目を狂わす」「目に勘違いさせる」ことができれば打たれないと考えている。

「狂わす」「勘違いさせる」をどのように起こさせるかを考えた時に、私たちの先輩方は上手く身体に近いボールを使っていたように感じる。特に上下や左右については今でもそう思っているが、唯一「前後」の使い方に関しては現在の投手のほうが上手いと言える。その理由はチェンジアップを投げる投手が増えたからである。ここからは細かく「上下」「左右」「前後」の錯覚を解説する。

【上下の錯覚】

上下とは高低のことである。野球をしたことがある人であれば、顔の近くを通る球は怖いと感じたことがあるだろう。同時に顔の近くに来たボールは「大きく見える」と感じたことはないだろうか？　実はこの時点で、すでに錯覚が起こっている。大きく見えたボールを次に低めに投じれば球自体が小さく見え、見逃したり空振りしたりする確率が高くなる。このように上下の目の錯覚は、ストライクゾーンの見極めにも表れる。

【左右の錯覚】

ホームベースの幅である17インチ（43・2㎝）はどの球場でも同じで、ほとんどの打者は感覚としてこの幅を把握している。たとえ狂ったとしてもボール半個分くらいである。ところが左右の錯覚を使うことで、ホームベースの幅をボール1、2個分狂わせることができる。例えばインサイドや目に近い高めを投げたり、インサイドに意識をずらすとこの錯覚が起こりやすい。つまり目や身体の近くと遠くに投げ分けることで、ボールとの距離感に錯覚が起こるのである。特に調子が落ちている打者のインサイドを攻めると、ホームベース幅の狂いがボール2個分になることもあり、そこからスランプに陥ってしまうこともある。打者はボール球を振らされることを嫌うが、それ以上にストライクを振らないことを嫌う。そのストライクを振らせなかったり、手を出させないようにすることが、バッテリーの「究極の配球」と言ってもよいだろう。

【前後の錯覚】

これは打者からすれば最も厄介な錯覚だと思う。特にチェンジアップという球種は、ストレートとの球速差があればあるほどタイミングが取りにくくなり、投手のフォームや腕の振りが同じであれば見分けがつかないため、打つことが困難になる。また事実として、カーブに対応できる打者と比べるとチェンジアップに対応できる打者は圧倒的に少なくなる。なぜチェンジアップに対応できないのかというと、大きな理由として打者は「投手の最も速い球を待っている」ためだ。つまり最も速い球にタイミングを合わせていることになる。そうでなければ、チェンジアップはただの緩い球でしかない。

この前後の錯覚とは、これまでの上下や左右の錯覚とは異なり、投手のフォームや腕の振りを見ての錯覚になる。繰り返しになるが打者は投手の最も速い球にタイミングを合わせているため、同じフォームや腕の振りで投じられると「ストレートだ」と思いやすい。そして緩い球に合わず、本来のバッティングの型を崩されて空振りをしてしまう。「それであればチェンジアップを待てば良いのでは？」と思う方もいるだろうが、緩い球を待って

上下・左右・前後の錯覚

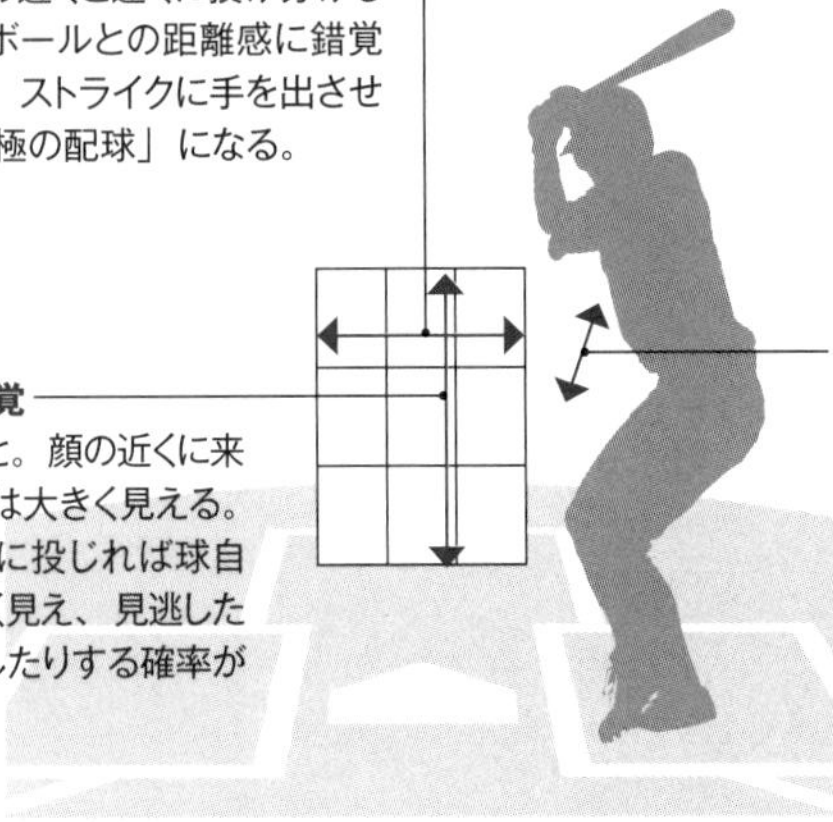
左右の錯覚
目や身体の近くと遠くに投げ分けることで、ボールとの距離感に錯覚が起こる。ストライクに手を出させない「究極の配球」になる。
上下の錯覚
高低のこと。顔の近くに来たボールは大きく見える。次に低めに投じれば球自体が小さく見え、見逃したり空振りしたりする確率が高くなる。
前後の錯覚
投手のフォームや腕の振りを見ての錯覚になる。ストレートと同じフォームや腕の振りで投じるとストレートだと思いやすい。結果緩い球にタイミングが合わずにバッティングの型を崩すことができる。

いたら他の球には反応ができなくなる。同時に捕手から見ると、チェンジアップを待っていることが容易に見抜けてしまう。そのようなリスクを避ける意味でも、打者は狙い球がばれるようなことはしない。7割失敗しても3割打てば一流と言われることを考えれば、「追い込まれる前にチェンジアップ以外の球種を打ってやろう」と考えるのが普通だろう。ただし、まれにチェンジアップを投げるカウントがデータとして表れる。そのためバッテリーは打者だけでなく、自分たちの配球の傾向やクセを常に見つけるようにしなければならない。

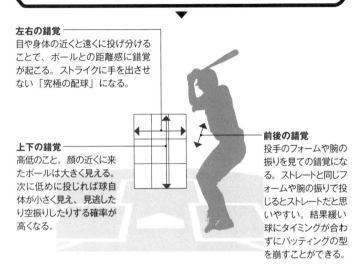

打者の動きを見る

打者の動きをどこから見るのかによって把握できる内容が変わってくる。「打者は投手のどこを見ているのか」「投手は打者のどこを見るとよいのか」について述べたい。

私はネクストバッターズサークルでの動きから見るようにしていた。例えば1巡目の動きと2巡目の動きの違いである。当然違いがない打者もいれば、明らかに球種やコースを意識してスイングしている打者もいる。そしてネクストバッターズサークルを見ておいてから打席に入る時や軸足の入れ方、構え、打者の目線、タイミングの取り方、身体の動き、スイング軌道、そして結果（ファウル、空振り、凡打、ヒットなど）を見る。それら全ての動きから情報を得て、打者の狙いや合いそうな球種とコースに対してボールになるように投げていた。同時に「手を出さない」もしくは「狙っていないであろうコース」にストライクを投げるようにしていた。

打者の動きとは、打者の考えが動きとなって表に現れるものである。だからこそ、配球の中で一番難しいと言われるのが初球であり、ボール球を投げてでも打者の意図を探るのがバッテリーなのである。ピンチの時やランナーが詰まっている時は「ボール球から入って大丈夫なのか？」と思われるだろうが、不用意にストライクを投げて打たれ、失点した場合には試合が壊れてしまうことすらある。そのような事態を招かないためにも、打者の動きから配球を考えることは、試合を左右するほど大事である。打者の動きが「見える」「見えない」については、捕手の経験に左右される要素でもある。しかしたとえ経験が浅くても「見よう」としなければ、どれだけ経験年数が増えても見えるようにはならない。打者の動きから目を離さず、いつもと違う動きがあればそれが打者を抑えるヒントになる。常にヒントを探るように打者を見ていけば、きっと打者の動きが見えるようになる。

私の経験だが、1打席目にカーブで凡打した打者が、2打席目のネクストバッターズサークルでカーブのタイミングに合わせたスイングをしていた。その打者に対してストレートでカウントを取って追い込んだ。「それでもカーブを待っているのか？」と低めのカーブを誘い球として投げてタイミングを見ると、カーブを待っていることがわかり、そして続くストレートで見逃しの三振を取ったのだ。よほどカーブでの凡打が頭に残ったのか、この投手を攻略するにはカーブを打たなければと思ったのか、ベンチの指示だったのか。このいずれかの理由でカーブに狙いを絞ったのだと思う。

打者の反応を見る

私は打者が「どこから動き始めるのか」「どうやってタイミングを取っているのか」という二点を中心に見たうえで打者の反応を見るようにしていた。打者の反応といっても様々であり、大きく分けると「タイミングの取り方の反応」と「投げられて嫌がる反応」がある。

「タイミングの取り方の反応」とは「どこでタイミングを取っているのか」であり、動きの初動を見ることで掴みやすくなる。

上半身でタイミングを取る打者の場合は、バットを見ればタイミングの取り方がわかる。投球フォームに対してどこで動き出すのかによって「速い球を待っている」のか「変化球を待っている」のかを見極めることができる。またタイミングの取り方だけでなく、打者の調子についてもバットの動き方で良いのか悪いのかを見分けることができる。さらにその打者が得意とする「合う球種」やコースもわかってくる。例えば、打者にはそれぞれテイクバックやトップの位置があり、ここがない打者はほとんどいない。そのテイクバック時に身体の近くに引き付ける打者は、インサイドにバットが出にくく詰まる傾向が高くなる。本来であれば打てる球種に対して、タイミングは合っていてもバットの出方が悪ければ詰まってしまう。そこで打者は対処法を考え、インサイドを打とうとしてポイントを前にするようになる。ポイントが前になれば動きがわずかに早くなり、インサイド狙いがわかりやすくなる。するとバッテリーはその逆であるアウトコースに投げ、凡打に打ち取りやすくなる。

下半身でタイミングを取る打者は軸足（左打者は左足、右打者は右足）を安定させる。体重の配分が軸足9割になるくらいにしっかりと乗せ、軸足と逆の足でタイミングを取ることが多い。このような打者の初動は足が動くため、投球フォームのどこで足が動き出すのかを見るようにする。大きく分けて「足を上げる」「すり足」「両方を使う」という3つのタイプがいる。足を上げるタイプであればある程度タイミングをずらすことができる。しかし現在の野球では打者の対応力が上がっており、こちらの情報やデータを持っている。そのため、このようなタイミングのずらし方が通用するのはおそらく1試合程度、もしくは打者がこちらのデータを失念していたり、調子を落としている時ぐらいだろう。

なお打席の中で常に動いている「リズムを取っている打者」であれば初動がわかりにくい。そういう打者がいることも打者を知るうえでは大事な要素である。

打者の他の反応として見逃し方や空振りの仕方、ファウルの方向と打球の種類などが挙げられる。特に打者が狙っていた球種やコースが違った場合には、どの球種やコースを待っていたかによってファウルの種類が異なる。このファウルの種類には、①タイミングは合っていたがコースや高さが良くてファウルになった、②タイミングが合わずファウルになった、③球種が合わずにファウルになった、④球種が合わずにタイミングもずれてファウルになった、⑤全てが合わずに体勢を崩してやっとファウルにしたなどがある。このうち、どのファウルが調子の良い時に出る種類、もしくは出ない種類かを知ることで、次の1球が工夫できる。例えば球種は変えずにコースだけを変えたり、球種もコースも変えるなどを考えるのである。もちろん、空振りや凡打の内容、前日までの調子をデータも含めて頭に入れての話である。

「投げられて嫌がる反応」にも触れておく。打者によって「目に近いところを投げられるインハイを嫌がるタイプ」と「軸足を動かされることを嫌がるタイプ（長距離打者やホームラン打者に多い）」がいる。この2つが「投げられて嫌がる反応」になる。

打者の立ち位置から見えること

特徴的な打者の構えは、大きく3つのタイプに分けられる。それぞれのタイプによって、得意なコースと苦手なコース、好き嫌いがあるのだ。構え方のタイプを知ることで、プレーだけでなく野球観戦をする際にも、これまでとは違った見方ができるだろう。

〈長距離ヒッターに多いタイプ〉

長距離ヒッターに多い構えは、バットを立てて高く構えているタイプだ。この構えとはタイミングを取る前の構えではなく、タイミングを取り出してから打ちにいく際の形になる。このタイプは高い位置から振りにいくため、バットが身体の前を通過する際にはどうしてもアッパースイングになりやすい。打ちにいく際でもバットが立っ

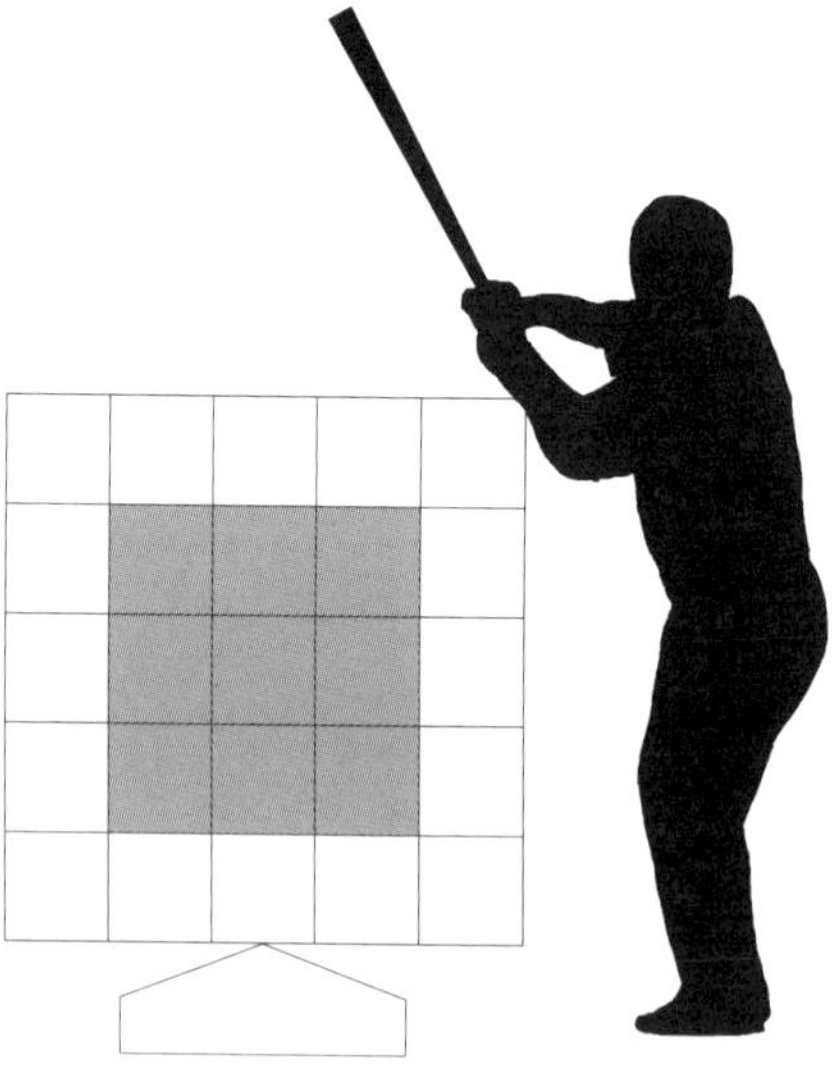

た状態であるので、インサイド低めには素直にバットを出すことができ、ボールとの距離が取れて打ちやすいのだろう。またアウトコース高めはボールとの距離が取れるうえに高い位置からバットが出せるので、長打が出やすくなる。

〈中距離ヒッターに多いタイプ〉

中距離ヒッターに多い構えは、肩のラインぐらいにグリップを置いて構えること（レベルで構える打者）。このタイプはインサイドの甘めやアウトコース甘めの球を得意とする傾向にある。その理由は、スイング時にバットが最も身体の近くを通る軌道がインサイドの甘いコースになるからだ。またアウトコースはストライクゾーンの真ん中やや外側の甘い球を得意とする傾向がある。

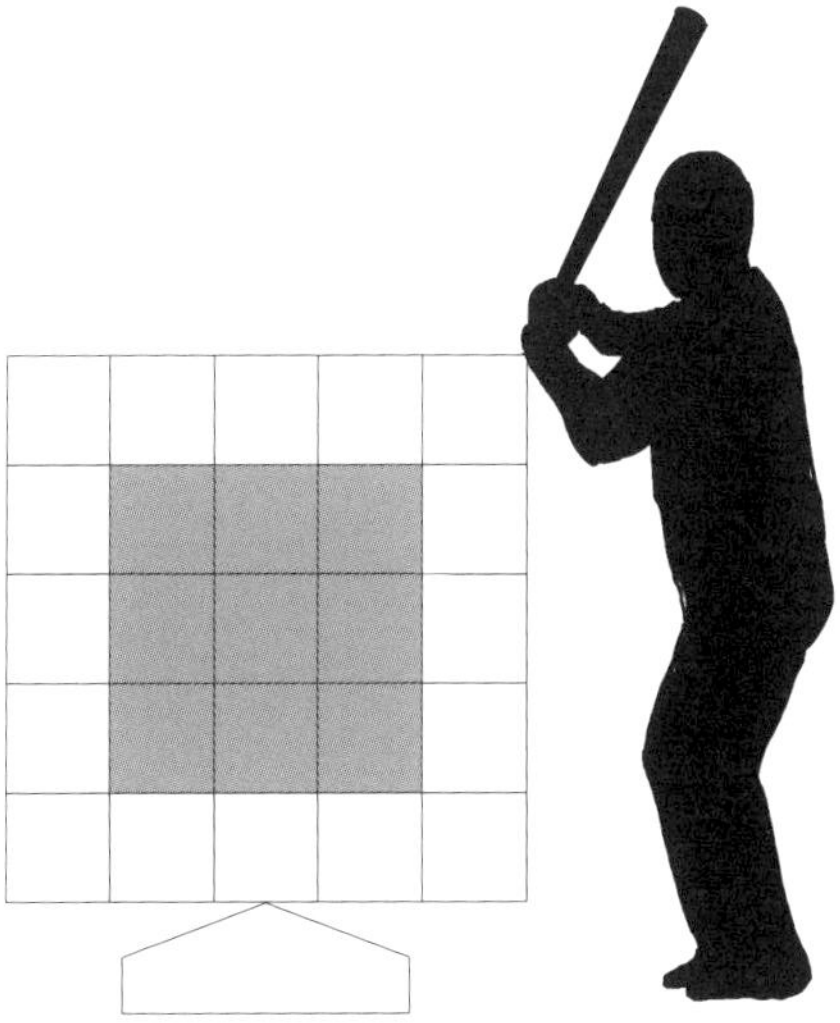

＜アベレージヒッターに多いタイプ＞

このタイプに多い構えは、身体の近くにバットを置き、グリップの位置を低くすること（いわゆる担ぐタイプ）。打ちにいく際にバットが寝る（打者の後ろ側に倒れる）ことが多く、レベルで構える打者と比べるとより高めの球を得意とする傾向がある。どちらかと言うと身長が低い選手に多いのだが、身長が低いことでストライクゾーンが上がるため、高身長の選手と比べるとストライクゾーンの高めが広くなる。そのためどうしても高めを打つことが多くなる。特徴としては意外かもしれないが得意とする（好きな）コースの近くが弱点になる傾向がある。またインハイや真ん中高めに投げることで打ち取れる確率が高くなる。

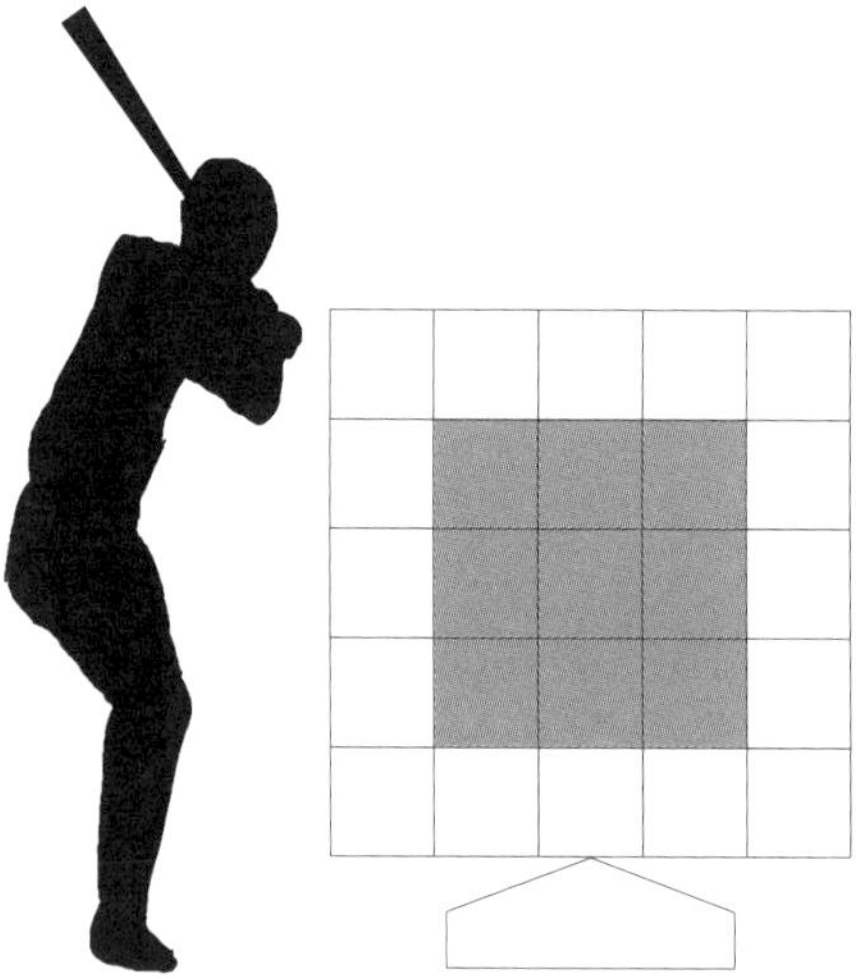

こうした構えのタイプを見て知ることで得意もしくは苦手なコースを予測し、配球に活かしていた。構え方というのは、これまでに打席で経験してきたことがベースにあり、その経験に基づいて工夫した形だと考える。例えば、小学校時代から身長が高い選手は低めを打つことが多くなる。つまり試合でスイングすることが多いコースほど、そのコースの打ち方を工夫しているのだろう。またタイプとして分けられる要素に立ち位置がある。こちらは図（P128）にまとめたので、そちらをご覧いただきたい。

打者は好きなストライクゾーンに来た球は、多少タイミングがずれたとしても打ちにいく傾向がある。そのため好きなコースの近くに、いわゆる空振りゾーンやファウルゾーン、見逃しゾーンが存在するのだ。だからこそバッテリーは「打者の好きなゾーン」と「嫌いなゾーン」を頭に入れて配球を組み立てる。ネクストバッターズサークルでのスイングを見ておき、そのうえで構え方や足の位置を見ておくことが重要なのである。そうすることで初めて対戦する打者にも対応できることが増えてくる。

3つの立ち位置と特徴

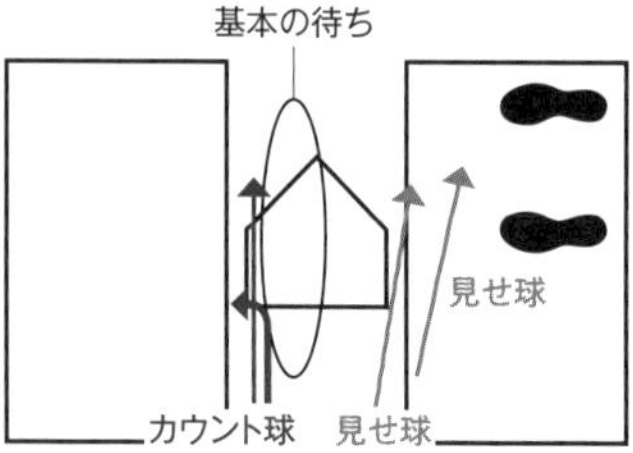

見せ球でよりインサイドを意識させることで、外はカウント球となる。またそこから外の変化で空振りゾーンに変化する。

基本はインサイドを投げることで外の手出しは少なくなる。恐がりな打者は、初球を打つことは少なく、特に初対戦では見る傾向が強い。 また、読みや山張りも多い。

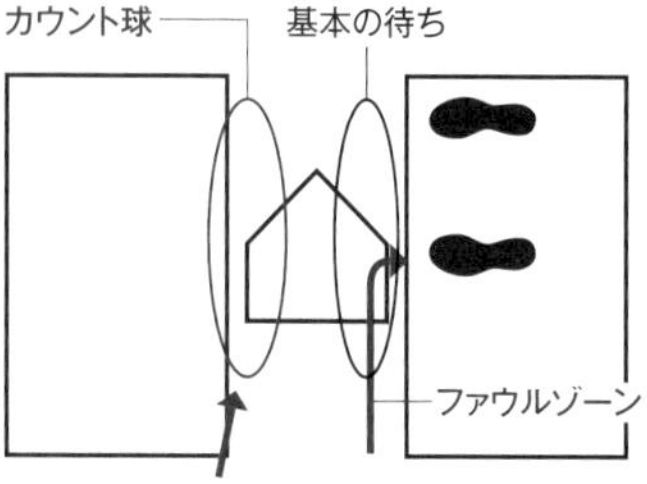

インサイドに意識がいくと、次の外のストレートは空振りゾーンまたはファウルゾーンに変化。

インサイドは得意だが、そこからボール 1個インサイド、ボール 1個低くなると凡打の確率が上がる傾向になる。待っている！ 得意である！ が、1個内、1個低いゾーンが凡打ゾーンになりやすい。

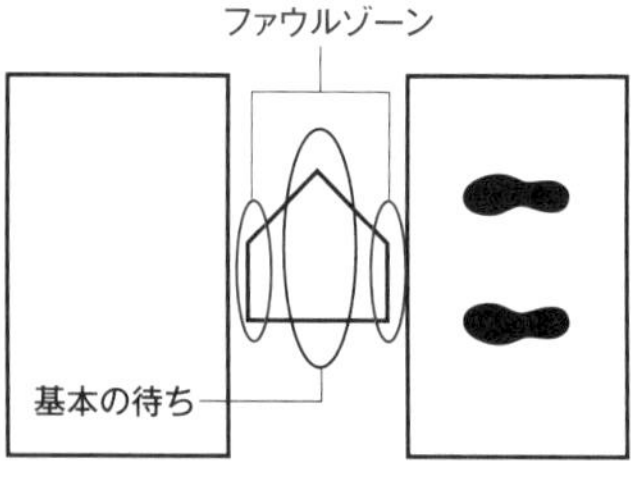

基本中距離ヒッター。ある程度どのコースにも手を出せるようなバッターだが、際どいボールに初球から手出しは少ない。初球から打ってくる時は、データが基になっていることがある。あとは、経験、対戦数によ っても異なる。

打者のルーティンを見る

打者のルーティンは常に見ているわけではないが、ルーティンを見ることでその時の状態が少し見えてくる。単純にいつもとは少し違う動きだと感じたり、バッティング練習時に調子が悪そうだったり、1球ごとに打席を外してスイングをしているなど、違和感のある動きをした場合には、調子や状態が何かしらいつもと違うかもしれない。

例えば、グリップの握る位置を意識していたり、タイミングが上手く合っていない、波を打つような下から出てくるスイングをしている、上から下に振り下ろすような意識で振っているなど、本来調子が良い時にはしない動きをしていた場合である。このような場合には、思い通りにいかない動きを修正しようと、試行錯誤しているのだと感じていた。本人が内心で意識していることが動きとなり、行動となっているのだろう。選手にはプライドもあれば意地もある。そうした心の思いが知らず知らずのうちに練習で現れたり、仕草や態度に現れたら、当然ルーティンの変化として表に出てくる。

打者の動きは捕手も同様に見ているため、バッテリー間で見方が同じであればお互いの印象をサインを通じて素早く疎通できる。ましてや試合前には必ずミーティングを行って

打者のルーティン

ルーティンを見ることで状態が見える

例えば

・動きがいつもと少し違う

・バッティング練習時に調子が悪そう

・1球ごとに打席を外してスイングをする

・グリップの握る位置を意識する

・タイミングが上手く合っていない

・波を打つようなスイングをしている

・上から下に振り下ろすように振る

➡調子が良い時とは違う動きをする場合には、何かを修正しようとしている可能性がある

いる。そのミーティングでの内容が頭にあったり、相手打者の前日の試合を見ていれば変化も理解しやすく、攻略をするのにさほど時間はかからないだろう。

冒頭にも述べたように常にではないものの、ルーティンを見ることによって打者が考えていることがわかる場合もある。そのくらい目で見る情報は大切であり、積極的に活用していただきたい。

打者の性格を知る

打者の性格を把握するためには、打者のタイプを知ることから始める。カウント別のデータを見て、チャンスに強いタイプや初球からスイングしてくるタイプなどを予想する。まずはデータをベースにして性格を紐解いていくのだ。例えば落ち着いている打者であれば、満塁でも「初球から真ん中へのストレートは来ない」と読んで見逃す傾向がある。外野フライでも良いなどと割り切って考えられる打者は、どのような球種やコースであっても初球は必ず振ってくるタイプが多い。それ以外にも、「最初から打ちにくる」「どんな球でも振ってくる」「チャンス時は初球から振ってくる」などのタイプが挙げられる。このように打者をタイプに分けて把握していくと、例えば「四球の後の初球は必ずスイングしてくる」などと読むことができる。

しかしここでもう1つ出てくる要素に打者の心理状態が挙げられる。平常時であればタイプに応じたバッティングをしてくることが多いのだが、チャンスや前の打席の結果などにより、打者の心理状態は変わってくるのだ。

打者の心理が変わる顕著な例だが、前の試合でチャンス時にダブルプレー（併殺打）になってしまったとする。そして翌日の試合で同じシチュエーションになった場合である。打者によっては開き直って打席に入り、甘い初球は思い切りスイングしてくる。逆に慎重に様子を見る打者もいる。また別の例では、どんな球でも振ってくるタイプであっても、こちらのバッテリーがピンチの時はボールから入る傾向が高いと考えていれば、自分の得意とするコース以外には手を出してこない場合がある。**この心理の変化を予測することが性格を知ることである。**人は考えたうえで行動に移すからこそ、性格を読み解くことが重要になるのだ。そしてその基となるデータだが、データの見方も人それぞれであり、それをどのように打者の性格として落とし込むかが重要となる。ネガティブな性格であれば「2－0からは絶対に振ってこない」と予測できるし、ポジティブな性格であれば「こちらがカウントによって多投してくる確率の高い球種やコースを狙っている」と予測できる。もちろん短期間ですぐに性格を把握することは難しいのだが、打者のスイングしてくるボールに応じてある程度の性格は読めるものである。

ファウルの打ち方から見えること

ファウルの打ち方には、①狙っていた球が来たがコースが良くてファウルになる、②狙っていた球と違ったがバットが出てしまいファウルになる、③狙っていた球が来たがタイミングが早かったり遅かったりしてファウルになる、④追い込まれてから粘り、球数を少しでも投げさせたくてファウルにすると、大別すると4つのタイプに分けられるだろう。

ではそれぞれのファウルについて、どのようなことが見えるのかを解説したい。

【ケース①狙っていた球が来たがコースが良くてファウルになる】

バッテリーにとって、このケースでのファウルは次の配球を考えるうえで大いに参考になる。そしてバッテリー優位なカウントに持ち込みやすい。当たりとしては強いライナー性の打球になるため、見ている側からすると「ヒヤッ」とする。しかしこのファウルによって打者の待っている球種やコースが読めると次の1球でカウントを作り、追い込みやすくなる。あとは打者がどのくらいの対応能力を持っているのかを考え、対応能力が最も低い球種やコースに投げることで打ち取る確率はぐんと上がる。

【ケース②狙っていた球と違ったがバットが出てしまいファウルになる】

このケースでのファウルは、打者の調子やその日の状態を表していることが多い。それは狙っていない球を振ってファウルにしてしまった場合には、「ボールが見えていないため狙ってもいない球に手が出た」と考えられる。またボールの見極めが悪くてファウルになってしまった場合には、「自分のタイミングが取れていない」と受け取れる。データや直近の3試合の中でのファウルを一球でも見ていれば、今打ったファウルと比較をして打者の状態を把握することができる。

【ケース③狙っていた球が来たがタイミングが早かったり遅かったりしてファウルになる】

この場合だが、このファウルだけでは「良いか悪いか」の判断が難しい。そのためもう1球探りを入れるための「見せ球」や「誘い球」を使い、打者の様子を見ることが必要になる。もちろん事前に直近の3試合の状態やデータを頭に入れておく。ただし直近の3試合で当たっていなくても、今日の試合でも同じように打てないとは限らない。そのように考えると、ある程度の慎重さを持って攻めることが当たり前である。ただし打者にも傾向というものがあり、タイミングの合っていないファウルの時は何に気をつければ良いかは経験を積めば積むほど打者を理解でき、ファウルで打ち取る確率を上げることはそう難しいことではない！　と思えるはずだ。

【ケース④追い込まれてから粘り、球数を少しでも投げさせたくてファウルにする】

このケースが最もやっかいなファウルと言える。粘ることができるというのは、打者の状態が比較的良いことになる。粘りを見せる打者はミート中心のアベレージヒッタータイプだと思われがちだが、そうとも限らず全ての打者がやってくる。バッテリーはこのような打者と対峙した時こそ、集中して抑える必要がある。なぜなら粘った末にヒットや四球で塁に出るとベンチに盛り上がりが生まれることで試合の流れが変わり、失点に繋がる確率が上がるからだ。さらに長打力がある打者の場合には、バッテリーが根負けしてホームランを打たれる危険も出てくる。さらにベンチにすれば球数を投げさせられると、後々の投手交代のタイミングを考える必要が出てしまう。集中力がある打者ではどのような場面でも「やっかいな打者」であり、このファウルはそのような打者の特徴の一つと言える。

ファウルとは少し異なるが、ハーフスイングからわかることがあるので、ここで紹介する。打者がストレートを待っていたとする。その際にアウトコースへのスライダーを投じるものの、打者は球が曲がったために途中でスイングを止めたケースだ。ストレートとフォークボールを投じた場合も同じである。球の軌道が同じで、途中から変化する球に対して打者がよくする動きだが、このような動きは球の見極めができていない打者がよく行う。また追い込まれたために打ち返す自信がなかったり、狙い球を決めかねている打者もハーフスイングをよく行っている。

空振りの仕方からわかること

空振りの仕方やスイングを見れば、打者が狙っている球はある程度予測できる。例えば、打者がストレートを待っていた時に表れる「1、2、3のタイミング」で振りにきた場面である。投じられた球が変化球だったため全くタイミングが合わなかったのか、逆方向に打とうとしてタイミングがずれたからファウルになったのか、などを見ることができる。

そのような打者の狙いに対してバッテリーは、「他の球種であればタイミングが合っていたのではないか？」と予測を立てる。このようにして打者の狙いに気づくことができれば、次に投げる球種やコースを絞ることができ、あとは捕手が構えたミットに集中して投げるだけである。

逆方向を狙っている打者に対してアウトコースに投げる場合には、コースが高くならないように気をつける必要がある。この時に投手が一番投げてはいけないコースはインサイドへの甘めの球であり、プロの打者であればこのコースは詰まっても逆方向に打ちやすい。そのため捕手がインサイドを要求する場合には、詰まってもゴロになるか凡打になりやすい低めのボール気味の球をリードで伝える。

投手から見た場合、逆方向を狙っている打者のバットが内側から出てくるように見えることがある。当然インサイドへの球は当てやすいと感じるため、こういった打者に対してはアウトコースに曲がる変化球を投げる。そのような球種を選択することで、打者が打ち勇んでも球速が遅くてボールが来なかったり、さらにアウトコースに曲がっていくためにヘッドが返ってしまうことが多い。そうなるとショートゴロやセカンドゴロに打ち取れる確率が高くなる。

逆方向を打とうと意識している打者は打つポイントを中に入れる傾向にある。そうすることで、速い球であればファウルにすることができ、アウトコースへの変化球であれば高めに浮いた球を狙う。そのためアウトコースを攻める場合には、変化球で低めを突いたほうがよいのである。

第4章

本質を見極める

プロでは同じバッテリーと打者が対戦する

プロ野球の厳しさを最初に感じるのは、そのスピードとパワーを目の当たりにした時である。高校を卒業してプロ入りした私にとっては、このレベルの違いに正直愕然とした。入団して1ヶ月もしないうちに「こんなところに来るのではなかった」と後悔したことを覚えている。

それから多くのことを学び、先発投手になって勝ち星やタイトルを取り、これでもうプロの世界で生きていけると思っていた。ところがその時に先輩の東尾さんに「いつまでもストレートとカーブだけで勝てると思ってはダメだぞ」と言われたことがあった。その時は「まだあと1、2年は大丈夫じゃないですか？」と返したが、次の年に勝てなくなっていた。球威もコントロールも前年と比べて落ちているわけではない。しかし前年のように勝つことができない。今までは抑えることができていた球でさえ軽くはじき返され、ノックアウトされることもしばしば出るようになっていった。なぜ打たれるのか？　前年までは打たれなかった選手にさえも打たれるようになり、東尾さんに救いを求めて尋ねたが「自分で考えろ」と言われるだけだった。あの時の「いつまでもストレートとカーブで抑えられると思うなよ」という言葉は、今でもはっきりと頭に残っている。

翌年は結局4勝止まりで、さらに勝てなくなっていった。その後は身体を鍛え直すことで勝てるようになったと思っていたが、勝てた要因には伊東さんという捕手がいたからだと知ったのは、先に述べた通りである。

「プロ野球で長く投げ続けるためには、ただ実力をつけるだけではダメだ。1、2年はよくても5年や10年、それ以上は続かない。その理由の1つが、毎年同じチームや打者と対戦していることだ。ある試合で相手チームを抑えることができても、次の試合までに当然のように相手はこちらを打ち崩すための研究と分析をしてくる。向かってくる打者たちもプロである以上、同じ投手に何回も何十回も抑えられたらプライドが許さないだろう。

私が勝てなくなった理由の結論だが、結局あらゆる球種やボールの軌道、カウントごとの投球の傾向など、投じる回数が増えるごとに読まれる確率が高くなっていったことに気づかなかったのだ。

それからだった。打者の見逃し方やタイミングの取り方、ファウル方向で打者の意図を読むようにし、打者の動きで打球方向を読み、得意か苦手かによって球種やコースを変え、投球フォームによってタイミングをずらす方法まで考えるようになった。

プロの怖さとは、同じボールや軌道ではそう長くは通用しないということだ。常に向上心を持ち、他の選手たちが研究するよりも先に一歩進むことが必要になる。探求心がなければ私の例のように簡単に打たれ、敗戦投手になってしまう。だからといって、毎年球速を上げたり、投げられる球種を増やし続けることはできないだろう。**だからこそ相手を知り、自分を知ったうえで鍛錬を怠らず、向上心を持ち続け、探究心を持って常にクエスチョンの答えを出し続ける必要がある。**

これまでの章で相手を知ることの大切さを述べてきたが、相手も同時にこちらを研究しているのである。野球のバッテリーにおいては、対戦というよりも心理戦といったほうが正しいくらいである。できるだけ長く勝ち続けるためには常に相手の一歩先を読み、一歩先に出られるような創意工夫が必要になる。

試合前のシミュレーション

私がまだ西武ライオンズの投手だった90年代のルーティンの一つを紹介する。多くの選手は全体でミーティングをした後、ブルペンへ行って調整を始める。私はブルペンへ行く前にトイレに入り、20～30分かけて対戦シミュレーションをしていた。トイレで行ってい た理由だが、まずは1人になれる場所で考えたかったこと。もう一つは当時から私は肘が悪く痛み止めとしてボルタレンの座薬を入れていた。余談になるがボルタレンは、私の現役生活29年のうち23年間、肘の痛みを和らげてくれた痛み止めである。

トイレでの対戦シミュレーションについて、もう少し述べたい。まずは全体のミーティングで出た内容を使えるものと使えないものに分けた。次に1番から9番まで、まずはランナーなしの状況で対戦し、イメージ通りに打ち取ることができたら、次の一巡はランナー1塁や2塁の状況をイメージした。そしてイメージ通りに打ち取ったり、ダブルプレーなどの良いイメージができたら、アンダーシャツ9枚とユニフォームを2着、帽子2つをバッグに入れてブルペンへ向かう。これが私の投げるまでのルーティンだった。不思議なことにシミュレーションが早く進み、良いイメージを持つまでの時間が短ければ短いほど、

試合でのピッチングも良かった。逆になかなか良いイメージができない時ほど打たれることが多かった。登板前日は、必ず対戦チームや打者のデータや試合を見ていた。さらに前回投げた映像を見たうえで対策を立ててから就寝していた。そのように良いイメージを作るようにして翌日を迎えるのだが、当日のシミュレーションがうまくいかない時は、決まって打者の対応がいつもと違っていたり、自分のコンディションが悪かったりした。なぜそうだったのかは、残念ながら未だに解明できていない。

先ほども述べたが、シミュレーションの時間が短くてイメージが鮮明な時は、不思議なことに思い通りに打者を打ち取ることができた。この理由も未だに解明できていないが、言えることがあるとすれば**「頭の中がクリアになっていた」**ことだ。前日のシミュレーションやビデオの映像、データが、打者をイメージするだけで引き出しからその場に合った道具を取り出すかのように適切な情報として頭の中に入ってきた。これを「集中力がある」というのだろうか。もしくは「投げる前からゾーンに入っていた」と表現できるのだろうか。私自身にそのような自覚は全くなかった。ただ打者を見るだけで、打ち取るイメージが湧いてくる感覚だった。ただし残念ながら毎回そうではない。

このような感覚は西武時代だけではなく、ダイエー時代や巨人時代にもあった。そして

私が行っていたルーティンの例

1. 全体でミーティングを行う

2. トイレに入り20〜30分かけて対戦シミュレーション

①ミーティングの内容を使えるものと使えないものに分ける
②1番から9番までランナーなしの状況で打ち取るイメージを作る
③ランナー1塁や2塁の状況で打ち取るイメージを作る

3. シミュレーションで良いイメージが作れたらブルペンへ

➡良いイメージを持つまでの時間が短いほど試合でのピッチングが良かった

ダイエー時代に配球を学ぶようになってから、イメージがより鮮明になったことは間違いない。そしてそのピークは99年であった。

本当に調子が良い時は、自分の動きも打者の動きもゆっくりに見えた。さらに次の打者の動きを見ながら投げていたことを覚えている。「そんなことができるのか？」と思う方もいるだろうが、自分でも不思議なくらいに時間がゆっくりと進み、他の動きを見ることさえできたシーズンだった。

ネガティブな思考に蝕まれないためには

打たれた経験や自分の調子が悪い時、ミーティングで「今の相手打線は当たっているよ」と言われた時など、頭の中をマイナスイメージが巡るほどネガティブな感情が表に出てしまう。それがさらに自分を不安にさせ、身体を硬くし、試合は散々な結果で終わる……。このような状態で勝ち投手になるなど、100試合投げて1試合あるかどうかだろう。

しかしネガティブになる原因を考えると、自分自身の問題だと思う。なぜかというと、自分がどのような投手であるのかを理解できていなかったり、相手チームや打線、打者の情報が不足している場合などに、ネガティブに陥りやすいからだ。

監督時代、ある若い選手に日頃から情報収集をしているのかを尋ねると「僕は考えすぎると良い結果が出ないので、自分の球を信じて投げます」との答えが返ってきた。「考えすぎると良くない……」。この考えこそが、私からすれば輝かしい未来に繋がらない要因だと感じた。考えすぎるぐらい考え、できることは全て行い、やり尽くしたうえで試合に入るべきだ。結果が悪ければ事前の準備や努力が足りないと考え、コーチやスコアラーと一緒にさらに深く考えていく。同様に「リラックスして楽しみます」といった発言をする選手もいた。それ自体がダメだとは思わないが、その前段階として「学ぶべきことはしっかりと学ぶ」「知るべきことは把握しておく」「納得がいくまで練習をやり尽くす」ことが絶対的に必要であり、それらなくして勝利することも勝ち続けることも難しいだろう。

人は失敗をしなければ、理解することも自分自身を省みることもできない。失敗は人が成長するために必要な試練なのだと思っている。ところが失敗したとしてもそのことを反省せず、次に繋げる努力を怠れば、その失敗はやがてネガティブな思考になり、心と身体を蝕んでしまう。必ず「次はこうしよう」「これがダメなら次はこうだ」「それでもダメなら次はもっと考え他の人の意見を聞いてみよう」「データの見方を教わろう」「打者たちに僕と対戦したらどの球を狙うか聞いてみよう」など、できることは山ほどある。もちろん実行するためには「折れない心」や「諦めない気持ち」が必要になるが、ネガティブな状態からは何も生まれない。それでもネガティブになる自分がいたら、もう一人の自分がネガティブな自分に「前を向いてチャレンジするんだ！」と言い聞かせるくらいの気概を持ちたい。人に言われると嫌なことでも、もう一人の自分に言われたのであれば前向きに捉えることができるかもしれない。実は自分のことを一番わかっていないのは自分自身。だからこそ、自分を客観視できるようになってもらいたい。

マウンドから得た情報を配球に活かす

一流の投手は、マウンドからの景色を通して配球に役立つ様々な情報が収集できる。ところがそのような投手になるためには、経験だけでなく「見たい！」「見えるようになりたい！」といった願望や欲求が必要になる。

観察眼とも言えるが、そもそも「何が見えたら配球に活かすことができるのか」「見えているものが本当に正しいのか」については、見えたものをどのように判断すれば良いのかを知っておく必要がある。良い判断ができなければ、配球に活かすどころか逆に打者の術中にはまってしまうほど危険な「見える」や「見る」になってしまう。

もちろん「見たものをこう判断する」といった試す時間も必要だが、その結果が「もうこのコースには投げられない」となってしまうと、試す意味すらなくなってしまう。マウンドから見えた情報を判断すること以前に、打者を研究したり傾向を把握したり、クセを掴んでおくことが大切である。

研究する内容は数多くあるが、その代表例を列記する。まずは得意不得意なコースや球種、カウント別での傾向がある。さらにチャンスに強いのか弱いのか、追い込んだ後の傾向はどうなのか。例えばセンター方向にミートする、常にフルスイングするなど。調子が良い時と悪い時のスイングの軌道はどこが違うのか。速球に強いのか、小さな変化に強いのか。緩急への対応が良いか悪いか。割り切って打ってくるのか考え込んで悩むタイプなのか。詰まる当たりを嫌がるのか、身体を前に出されることを嫌がるのか。１打席目にヒットを打つとその試合で２本３本と打つタイプなのか。１打席目にタイミングを外した凡打をするとその試合はずっとタイミングが合わないタイプなのか。凡打した球種やコースに山を張るタイプなのか。１打席目にストレートを打った場合、次の打席では変化球を狙ってくるタイプなのか、もしくはこの逆か。球種を追いかけるタイプか。１球目のストレートを見逃して２球目のストレートを狙うタイプなのか（これは捕手が「ストレートを狙ってないな」と思って続けることがよくあったからであり、現代野球ではこのタイプはかなり少なくなっている）。

ホームベースを中心に２つに分け、内側半分は球種に関係なく振ってくるタイプなのか（このタイプはホームラン打者に多いが全てではない）。

ざっと挙げただけでも打者にはいろいろなタイプと傾向がある。**投手はこのような情報を全て頭に入れたうえでミーティングを行い、試合では冷静に打者の反応を見ながら投げ**

マウンドから得た情報を配球に活かす

【前提として】

経験だけでなく「いろいろな情報を見えるようになりたい」という願望や欲求が必要。そのうえで次の2つを持つ

1. 観察眼を持つ

・何が見えたら配球に活かすことができるのか
・見えているものが本当に正しいのか→どのように判断するか

この2つを知っておく
➡良い判断ができなければ危険な見え方になってしまう

2. 事前に打者を研究する、傾向を把握する、クセを掴んでおく

・得意不得意なコースや球種、カウント別での傾向
・チャンスに強いのか弱いのか、追い込んだ後の傾向
・割り切って打ってくるタイプか、考え込んで悩むタイプかなど

なくてはならない。野球には他のスポーツにはない間がある。バッテリーはその間を使って頭をフル回転させ、打者を打ち取る工夫に試行錯誤していることを、多少なりともご理解いただけただろうか。

理想だった配球と試合展開

正直、投手にとっての理想とはパーフェクトゲームのことであり、私は現役時代、常にまずはパーフェクトゲームを狙っていた。そしてパーフェクトゲームが達成できない展開になれば次にノーヒットノーランを狙い、その次に完封、完投と考えていた。そのため、このページのタイトルである「理想のピッチング」や「理想の配球」をしたことは一度もないというのが私の現役の29年間だった。しかし理想に近いピッチングや配球をしたことは何度かある。全ての投手が私と同じ考えを持ってマウンドに立っているとは思わないが、私は常に100点満点のピッチングを目指して試合に臨んでいたし、100点満点のピッチングをするための努力は惜しまなかったと思っている。

試合の展開によっては1－0が理想の場合もあれば、打てるだけ打ってほしい場合ももちろんある。シーズン中の20数試合は必ずと言っていいほど何かが上手くいかない。例えば身体は思い通りに動かすことができるのだが、集中力が欠けていたりする。その逆に十分な集中力が発揮できていても、身体が思い通りに動かないことがある。何かが良くてもストレートが走らなかったり、コントロールがぶれたり、変化球の精度が悪かったりなど、試合で実際に投げてみなくてはわからないことがある。だからこそ投手というポジションは、自分の良いピッチングができなかった場合に備えなければならないのだ。例えばストレートが伸びずに球速が足りなくても、配球で打者を打ち取ることを考える。変化球の精度が悪かった場合には、その変化球を見せ球として使い、ストレートを速く見せる工夫をする。

では全ての調子が悪い試合ではどのようにするのかというと、何とか集中力がある場合には「低め」「低め」と、とにかく球を低く投げ、あとは打者が打ち損じるのを待つ。もちろん打たれてしまうこともあるのだが。さらに集中力さえない状態での試合では開き直り、全力で投げ続けられるイニングまで投げていく。「それで良いのか？」と思われるだろうが、どうにもならない時はあるものだ。そうならないためにプロの選手たちは日々練習をし、少しでも良いコンディションを作ろうと努力している。結果から言えば、チームが勝って、あわよくば勝利投手になれれば良い。野球がチームスポーツである限り、チームが勝ち、気持ちよく次の日を迎えることが何よりも大切であり、その積み重ねの結果が優勝なのだから。

投手と監督の配球論の違いと私の監督論

私は配球という答えのない要素を考え続け、試しては反省を繰り返し、次にどう繋げるかを探求してきたが未だに答えにはたどり着けていない。それが絶対という配球はないという所以である。

配球とは「打ち取る確率を上げるための考え方」であり、絶対がないからこそ学び続けなければならない。このことが基本と考えれば、現役の時も監督の時も配球の考え方は同じである。違いがあるとすれば、監督は「見守る」ことしかできない点だろうか。投手としてグラウンドに入れない以上は、結果で判断しなければならない。内容も十分に考慮するが、意図が見えなかったり、クセが見えた時には監督として、バッテリーコーチや捕手を呼んで話をしたり、考えを聞くこともある。私が監督時に一番気をつけていたことは、「失敗した後でどのように対処するのか」という考え方だ。

見方や見え方が違えば結果が変わる。見え方が変われば配球の根本が変わってしまう。頭の中を変えるためには、見方や見え方を変える必要があり、それができなければ何度も同じミスを犯してしまう。さらに進歩や経験することでの上達が見られなくなってしまう。

不安や心配になるからこそ、人は日々成長することで自らを磨き、価値を高めていく。それができてこそのプロ野球の1軍レギュラーだと思っている。

プロの世界では結果が全てで、結果を出さなければクビになる。私は現役の時、「結果も大事だろうが内容も評価してほしい」と思っていた。だが、立場が変われば評価の仕方を変えなければならない。現役の選手たちにこのことを理解してほしいとは思わない。それは自分たちがその立場にならなければ、口で説明しても理解できないからだ。だからよく「監督は孤独だ」と言われるが、私はそのことを嫌だと思ったことは一度もない。監督を引き受けた時から覚悟をしていたからだ。「いつかわかってもらえる日が来る」ということを信じ、信念を曲げないようにした。厳しいのは百も承知だが、リーグで優勝をすればファンの皆さんや裏方さん、球団職員たちが幸せになれる。日本一になればなおさらである。そしてリーグ優勝や日本一を続けることができたら、選手一人ひとりの未来を作ることができる。巨人のV9時代や西武の黄金時代の選手たちがそうであったように、優勝をし続けたら、現役後も第二の野球人生を過ごせ、やりがいのある人生にすることもできる。だからこそ**強いチームであり続け、長く現役を続けてもらいたい。私の監督としての思いはただその一点だけだった。**

影響を受けた配球の考え方

私が影響を受けた方は、ズバリ野村克也さんである。

配球というのはバッテリー対打者の心理戦になる。打者が打席で何を考え、どう打とうとしているのかを読み、嫌がる球種やコースや手を出さない球種やコース、タイミングの合わない球種やコース、意識をさせた球種やコースに対して逆の球を投げることを意味する。逆の球とは、インサイドであればアウトコースのストレートや変化球、速い球であればそこから落ちるフォークやシンカーになる。

打者の特性上スイングには軌道があり、その軌道から外れる球種やコースは誰にでも存在する。また足を上げるのか、すり足なのかによってタイミングの取り方が変わるため、緩急や高低、左右の錯覚を使って打者のスイングの形を崩す方法を探しながら配球をする。投手によってはスーパークイックと呼ばれる方法でタイミングをずらし（特に足を上げる打者に有効）、打者に考えさせ、100%のスイングをさせないようにする。野村さんが書かれた本にはそういった心理戦や打者のタイプ別の特徴が記されており、配球やリードの「師」とさせていただいた。

私が配球を学んだのは、西武からダイエーに移籍し2シーズンが経過した97年の頃だったと思う。ダイエー移籍後に打たれたことで、「伊東さんだったら同じ球種や同じコースに投げても打たれないのに、捕手が違うだけでなぜ打たれるのか？」と考えたものだ。そこで出た答えは、「私を見て打っているのか」「伊東さんを見て打っているのか」の違いだと気がついた。ダイエー時代に打者は私を見て打っていたため、私の投げるボールだけに集中できたのだ。そう気づいた時に「配球を一から学んで打者のことを知らなければ対等に戦えない」と考え、今まで投げた映像を集め、引退したり辞めてしまった選手以外に投げる1球1球を見直す作業から入った。今まで考えることがなかった「配球の意図」を見るために、「見逃したのはなぜだろう？」「なぜファウルになったのか？」「どうしてあそこに飛んだのか？」「バットが出かけて止まったが、なぜだろう？」「初球から打たれたのはなぜか？　狙っていたのだろうか？」「体勢が崩れて凡打になった理由は？　その前のボールが関係しているのか？」など細かく見直していった。全ての投球に意図があるように、打者にも待っている球種やコースがあるはずであり、同時に見逃しや空振りが多い球種やコースが必ずあると考えた。オフシーズンの間は部屋にこもってひたすら映像と向き合い、打者の考えを理解しようと夢中になったことを覚えている。

何度見直しても答えが見つからない時には野村さんの本を読み返したものだ。そのたびに「なるほど」と納得する内容が書かれていたり、頭の中がクリアになることが何度もあった。そのようにして学び、少しずつ見えてきた打者に対しての配球だが、次のシーズンでは実際に試すことを行った。中には上手くいった配球もあったが、上手くいかなかったことのほうが多かった。その原因は自分にコントロールの精度が足りなかったからだ。ホームベース上でボール半分や1個分の出し入れができなかったり、低めのボール球を狙ったもののストライクゾーンに入ってしまったりした。映像を見返すと打者の多少の反応を見ることができたが、マウンドで身体を動かしながら投球をしている最中では打者がぶれて見えてしまい、どのように反応しているのかがわかりにくかった。そこで身体のぶれとコントロール精度を良くするために身体をさらに鍛え、メカニックや身体の連動性についても学び、野村さんの本からもヒントを得ようとした。その結果、1年目は見ることができなかった打者の動きが、2年目にはほとんど見えるようになり、打者の反応に対しての予測が当たる確率も高くなっていった。

当時の捕手は城島選手だったこともあり、私は彼に配球を教えながら、実は自分も学んでいたのだ。その集大成となったのが99年のダイエーの初優勝だった。

私が配球を学んだキッカケ

【そもそもの理由】

移籍後に打たれるようになった

➡移籍前と同じ球種やコースが打たれる

【仮説としての結論】

移籍前は捕手を見ていたが、今は投手を見ている

➡移籍後は投手だけを見ていた（投手に集中できる）

➡配球を一から学ばなければ戦えない

【その後の行動】

過去の映像を集めて1球1球見直し「配球の意図」を探った

➡全ての投球に意図があるように、打者にも待っている球種やコースがあること。そして見逃しや空振りが多い球種やコースが必ずあると考え、打者を理解しようとした

【師】

野村克也さんの本を師として内容を読み込む

➡映像を見返しても答えが見つからない時に読み返すなど繰り返し読み込んだ

【その結果】

打者の傾向や有効な配球が見えるようになってくる

⬇

自分のコントロール精度が足りずに狙い通りにいかないことが多い

⬇

・ボール半分や1個分の出し入れを磨く
・投球時の身体のぶれを抑える

⬇

打者の動きがほとんど見えるようになり、打者の反応に対しての予測が当たる確率も高くなる

リードの考え方と必要性

すでにリードと配球が違うものであることは述べたが、リードには「投手の精神面も含めてのリード」と「試合全体を含めたリード」がある。つまりバッテリー間だけのやり取りではないことを、はじめに知っておいていただきたい。同時にリードと配球に違いはあるものの、試合ではこの二つが切っても切り離すことができない「勝つための要素」になる。捕手がサインを出した後で身振り手振りによって「低くボールを投げてくれ」などとジェスチャーをするのだが、あれがリードになる。

足の速い打者が打席に入ろうとした時に、投手含めた内野に対してバントのジェスチャーをし「セーフティーを頭に入れて守ってくれ！」と身振り手振りによって注意を促すことがある。これも捕手が行う試合でのリードになる。リードとは投手に対してだけではなく、試合の流れ全体を見て、内野と外野も含めた指示をすることを意味する。第2章でも述べたように捕手は助監督でなくてはならず、守りにおいての要のポジションになる。そのことを踏まえたうえでリードを解説したいと思う。

捕手のリードが身振りや手振りによって行われる理由は、試合が始まれば歓声や応援歌によって声が聞こえない状況になることと、声を出すことで相手に狙いがバレてしまうからだ。言葉によるコミュニケーションが取りにくいことを考えれば、試合前に投手とミーティングをしておくことや、日頃からコミュニケーションを取ることがいかに大切なのかがわかるだろう。内野や外野に対しての指示だが、試合状況によってはベンチからの指示が最優先になる。ところがベンチからの指示がない場合には、捕手からの指示に従うようにする。捕手を中心に試合を見ていただくと、冷静に相手の攻撃手段を先読みし、身振り手振りで投手も含めた全野手に指示を出しているシーンが見られると思う。ただ指示を出すだけでなく、様々な状況を考慮して相手の狙いを読み取る必要があることを考えると、捕手がいかに大変なポジションであるかが理解いただけるだろう。そのようなハードワークを長年経験することで野球を見る目がどのポジションよりも熟練していくため、捕手出身の監督さんが多いということに繫がっていくのだと思う。

リードは配球と同じくらい大切である。投手にとっての配球は、球種やストライクかボールかのサインである。そしてそのサインを出すまでには膨大なデータや資料を頭に入れ、ミーティングやコミュニケーションを重ねる必要がある。そのような膨大な作業の結果が配球であるが、それだけでは不足している要素や捕手の意図がある。捕手はそのことを身振り手振りで投手に伝える必要がある。なぜかというと、投手はどうしても打者と勝負をしたがる「性（さが）」を持っている。昔からの野球ファンの方々には、伊良部対清原や野茂対清原などの対戦に心躍らせた方もいるだろう。私も何人かの打者とそのような経験があるのだが……。

捕手はそうした投手の「性」に「待った」をかけ、より勝利の確率が高くなる投球へと導く使命がある。だからこそ捕手は守りが最も評価される唯一のポジションであり、多少は打撃力が劣っていてもレギュラーとして起用されるのだ。もちろん時には城島選手や古田選手のように打撃力も優れた選手が現れることもあるが。

前述したように配球の師は野村さんであるが、リードを教わったり影響を受けた人物はいない。リードについては、周りを見て自分で学んできた。そのため現役の頃は、投手として捕手に「こうあってもらいたいという配球とリードを投手に示せ！」と伝えてきた。監督の頃は扇の要や助監督としての責任感を求めていた。**野球というチームスポーツにおいて、捕手が最も重要なポジションだと考えている。そして一人前になるために年数や経験が必要になるポジションが捕手なのである。**

配球に対する考え方の遷移

西武時代にしていたルーティンでの打者とのシミュレーションと、ダイエーに移籍して映像から学んだ配球はまるで別ものだった。見方や見え方、見るための方法論に至るまで180度異なる内容だったと言える。思い返すと、西武時代に行っていたことは配球ではなく、「カウントを取る」「ファウルを打たせる」「三振や凡打に打ち取る」などの単純な内容であった。何度も述べているが、配球の基本は相手を知ることから始まる。打席で打者が何を狙い、どのようなスイングをし、どこを狙って打とうとしているのか。そして得意や不得意、好きや嫌い、合うや合わないなどになる。このことをダイエーへの移籍後から学び始め、野村さんの本を読んで打者のタイプがあることに気がつき、打者心理と投手心理、捕手の心理を学び続けた。監督時代も学び続けてきたが、未だに「知り尽くした」と思ったことは一度もない。野球と同様に心理戦にも100%はないのである。

一つ言えるとすれば傾向である。このページの見出しにあるように「遷移」ではなく「打者を知るという基本を大切にし、日々学び続ける」ことしかないのだと思っている。したがって遷移ではなく新しい発見があるのだと思っており、だからこそ野球は奥深く楽しいスポーツなのだと思う。日本は、「日本独自のベースボール」を「野球」と訳した。日本の野球はアメリカとは異なる考え方や間を好み、配球やリードが生まれていったと思う。誤解されないように補足しておくと、全く異なるスポーツという意味ではなく、日本なりの野球の良さが加わったスポーツという意味である。

アメリカでは、未だに投手主導の配球を行っている。投手が投げたい球を投げ、打者とのお互いのプライドのぶつかり合いをファンの方々に楽しんでもらっている。一方で日本では、個々のぶつかり合い以上に「勝たなければ意味がない」といったようにチームを最優先にしているところが多いと感じる。監督経験者として言わせてもらうと、監督の仕事とはチームを日本一に導くことだと考えている。選手たちもその考えを念頭に置いて1対1の勝負をしているのであればまだ納得できる。監督時代にストレートばかり投げている選手を見ると、「おっ、やってるな！」と心の中でワクワクしながら見ていたことがある。時にはこのようなプレーがあることで、野球の楽しみが増えるのだろう。

いずれにしても配球に絶対はないため、いかにして100%に近づけていけるのか。その結果として日々、野球が進化しているのだろう。

配球の大切さに気づくまで

今まで打たれなかった球種やコースが打たれてしまうことがある。その理由が投手の力の衰えによるものなのか、配球によるものなのかは、投じた1球やその試合を見ても解明できる人はいないだろう。打たれた打席からさらに1年や2年投げながら考え、投手の力量が落ちていないのであれば「どうして打たれるのだろう？」と熟考するようになる。そして「相手も自分を研究し、傾向や対策を練っている」と気づくのだが、その気づきまではどうしても時間がかかってしまう。なぜなら**打たれる要素があまりにも多いため、どれが原因なのかを試合で投げながら突き詰める必要があるからだ。**

私の場合は前述したように、チームを移籍したことで気づき、そこから学ぶようになった。ところが同じチームに在籍し、優秀な捕手の配球やリードで投げ続けることができれば、配球を一から学ぶことはしないと思う。なぜなら投手が配球を知らなくても、捕手が導いてくれるからだ。その投手の将来を考えると、捕手ありきのため、その捕手がいなくなってしまった時にどうするのだろうか。そう考えると「一生配球を知らなくてよい」とは思えない。さらに学んだ配球が試合で使えるか否かは別物である。打者の反応や動きが本当の意味で見えるようになるには、何度も試しながら失敗をして反省し、再び考えて試すことを繰り返しながら会得していく。時には取捨選択をしなければならず、一つ間違えてしまうと自分がイメージしていた試合結果と全く違ったものになるリスクもある。そのような結果が続けば配球への学びを諦める選手も出てきてしまう。

監督時代に何人かの選手に配球を学ぶことについて尋ねると「考えすぎると上手くいかないので、配球は捕手に任せます」という答えが大半だった。若い頃の自分もそうだったのだが、捕手任せのまま投げ続けると見えないものがたくさんあり、見えるようになるまでには多くの苦労と努力が必要になるだろう。若い頃は球威で打者を抑えることができるが、年齢を重ねると球威だけでは抑えられなくなる。その時を見据えて早い段階から配球の重要性を知って学び続け、配球を実践するためのコントロールの精度を獲得できれば、長く現役を続けることだって可能だろう。

配球の大切さを知るタイミングは、多くの失敗を経験しながら学び続け、「これができたら自分を変えられるかもしれない」と思えるほどに追い込まれた時かもしれない、ぜひ配球を学び続けることを始めてもらいたい。配球は知れば知るほど、困った時に必ず自分を助けてくれる武器になるのだから。

野球に完璧は存在しない

捕手の求める配球が素晴らしく、投手が捕手の要求通りに投げることができればほぼ100%に近い確率で勝利することができるだろう。ただし野球は0点で抑えれば勝てるスポーツではないため、完全な100%にはならない。曖昧な表現に思われてしまうだろうが、いくら突き詰めても野球に100%はないからだ。現に私が入団した当時は、1シーズンに130試合あったが、全勝つまり130勝したチームは存在せず、勝率が7割を超えて優勝するチームもごくわずかだと思う。現在は交流戦があるため143試合になっているが、それでも100勝するチームはないのだ。

野球においてはほぼ全ての要素に関して100%はなく、できるだけ確率を高めていくことで勝利に近づけるゲームとなる。だからこそ失敗も多くミスが出ることが当たり前といえる。冒頭で述べた「捕手の配球が素晴らしく……」だが、私の中では同時に完璧な配球はできないとも思っている。人の心が100%読め、人の動きが100%感じられるような人間は存在しないからである。そして人は必ずミスをするし、勘違いもする。それは当然のことであるが、ミスや勘違いの数が限りなくゼロに違いほど、素晴らしい試合だと言える。

投手も同様で「全て要求通りに投げられる」ことができれば完璧なのだが、私のプロ野球生活を通してそのような選手は見たことがない。「パーフェクトゲームやノーヒットノーランがあるではないか」との指摘もあるだろうが、そのような試合においてもバッテリーのミスがゼロということはない。バッテリーがミスを犯したと同時に打者もミスを犯したため、守備側にとって良い結果が出たのである。

改めて野球ではどこかでミスが起こると考えると、その点が野球の面白さの一つだと言えるだろう。もちろん野球だけでなく、どのスポーツにも言えることだと思う。そしてミスをできるだけ減らすために日々の練習を繰り返し、試合ではミスをできるだけ減らすことで勝つ確率を高めていく。バッテリーにとってそのための一つの方法論や技術と言えるのが、配球やリードである。

相手の裏をかくとは

　このテーマを解説するためには、そもそも表と裏が何かを知らなければならない。実際に試合を解説している場合に使う言葉ではあるが、はっきりと説明することは非常に難しく、難解な表現だと思っている。

　試合の解説者が「裏をかいた投球で打者は手が出ませんでした」と話したとしよう。このケースを想像すると、解説者も予測できなかったプレーをバッテリーが実行し、瞬時に配球の意図を説明できなかったためにとっさに出た表現だと考えられる（もちろん実際にそうだったのかはわからないが）。表と裏という言葉はこの例のように説明できない、もしくは説明はできないが人にはニュアンスが伝わりやすい表現と言え、野球にはこのような表現が他にもある。その代表例が「流れ」や「勢い」である。例えば「ここを3人で打ち取れば流れが変わりますよ」「先頭打者が出塁すれば勢いに乗れます」などの解説を聞き、「なぜ？」と思ったことはないだろうか。これらの言葉もはっきりと説明することが難しい半面、ニュアンスが伝わりやすいのである。

　表と裏の話に戻るが、人は予期せぬ事態が起こると身体が硬くなって動かなくなる。その結果としてタイミングが大きくずれた空振りをしたり、誰が見ても打ちやすそうなコースであるのに見逃しをして三振に取られることがある。そのことを「裏をかきました」などと言えば、見ているほうも「そうか！」となるのだ。そのように考えると、**基本的なプレーは全て表ということになるのだろうか。答えは「Ｙｅｓ」である。**

バッテリーも打者も予測してプレーをする。先ほどの例のようにタイミングがズレたり、見逃しをしたとしても、何かしらの予測をしていた結果だ。もしも予測ができていないとしたら、打者は手を出せないだろう。同じ「手を出せない」という結果ではあるが、予測をしていれば予測と違ったために身体が硬くなって見逃し、予測をしていなかったなら反応できなかったことになる。

このようなことが起こるのが野球と言えるのだが、投手がボールをリリースしてから捕手のミットに入るまでは0.4秒弱である。一方で打者が打つか打たないかを決める時間は、わずか0.2秒以内である。このような短時間での心理戦であれば「インサイドに来たら」「アウトコースであれば」などと考えてから反応する時間はなく、先ほどのようなことが起こっても不思議ではない。野球の試合では間を楽しむことができる一方で、実はこのような一瞬の勝負も繰り広げられているのである。

打者は配球を読んで打っているのか?

打者を打ち取る配球ができるようになるには、多くの経験が必要になる。これは打者も同じだ。まれに好打者や天才と称される打者は、経験が浅い段階から捕手の配球のクセやパターンに気づくことができ、的確な予測をして打つことができる。だが基本的には経験が必要だろう。なぜなら経験とはデータの蓄積だからだ。データの蓄積がなければ予測ができず、たとえできたとしても場当たり的な予測になってしまう。私は打者ではなかったため、少ない経験から学び、的確な予測ができるようになるのかは不明である。しかし投手として打者を知るためには、多くの経験と失敗、そして膨大なデータの蓄積が必要であった。さらに精度を上げるために何度も反省し、見え方を考え直したり、それまで蓄積したデータを一旦消去し、フラットな状態で一から見直したりした。そこに費やした時間は決して短くはない。

今考えると、**経験の使い方の良し悪しが結果に繋がるのだろう。**バッテリーは配球を基にして打者を抑えることを考える。これは同じチームの野手、つまり打者であれば全員が知っていることだ。そう考えると、対戦する打者も自チームのバッテリーが配球を基にして相手を抑えようとしていることは百も承知のはずである。それでも経験をベースにして配球を読むまでの時間が長いのは、自分のバッティング技術の習得や打撃スタイルを作ることに精一杯であり、他のことを考える余裕がないのだと考えられる。また打者の特徴として、ある球種やコースを待っているとそれ以外のボールには手が出せなかったり、ある球種が気になると他のボールのタイミングが取れないことが挙げられる。つまり**素晴らしいバッティング技術を持っていても、そう簡単に打つことができないのである**。すでに述べたように、「バッテリーは打者に考えさせたら勝ち」である。一方で数多くの経験を積んだベテランと呼ばれる打者たちは、経験を基にして打席の中で冷静に判断をし、自分の打撃に活かす。ここで問題になるのが、どのくらいの経験を積めばよいのかである。多くの場合、配球が読めるくらいのベテランになる頃には身体の衰えがあり、来るボールがわかっていても反応できずに打てないことが増えてくる。それでも衰えに抗い、若い頃以上の鍛錬をしている選手は活躍を続けられるが、多くの選手は打てないことを理由に引退の道を選ぶ。つまり、見事なほどに配球を読んで打てる打者というのは、本当に限られた一部の選手だけということである。

配球にセオリーは存在するのか？

セオリーの意味は「ある物事における最善の方法や手段」、スポーツなどでは「戦術の基礎」である。この意味を踏まえたうえで、配球のセオリー、つまり配球における最善の方法や手段があるのかというと答えは「Ｙｅｓ」である。また「戦術の基礎」という意味でも答えは「Ｙｅｓ」になる。

現在のプロ野球において、配球とは打者を打ち取るための戦術の基礎になっており、打者を知って勝利するための最善の方法や手段の一つと考えることが当たり前になっている。もう少し深く考えると、「バッテリーが配球を学び、試合で使えるレベルまで昇華させること」がセオリーだと言える。

一方でセオリーという言葉の別の意味には「予定通り」「仮説通り」がある。野球でもこの意味としてセオリーという言葉を使う場面は多く、皆さんも聞き覚えがあるだろう。例えば解説者が「セオリー通りでしたね」「セオリーを無視した采配ですね」などと口にすることはよくある。これはつまり、セオリーを「予定通り」「仮説通り」という意味で使ったことになる。逆に冒頭の「ある物事における最善の方法や手段」や「戦術の基礎」とは、意味合いが異なる。

さて、配球のセオリーを考えた場合、「予定通り」や「仮説通り」という意味では、状況が1球ごとに変わる試合においては「セオリーは通用しない」ということになる。試合では「この球を投げていれば大丈夫」ということはないため、常に臨機応変さが必要だ。配球とは「打たれない」「凡打になる」という確率を上げることであり、打たれにくい球種やコースを選択することである。もう少し詳しく述べると、臨機応変に「イニングや点差、打者やランナー」を頭に入れ、「見逃しや空振り、ファウル、フライやゴロの凡打」になる確率が高い球を探して打ち取ることである。そして1球ではこのような配球はできないため、2球や3球と球数を増やしていく。その投球の中に見せ球や誘い球、意識させたい球などを組み入れ、凡打で打ち取るために工夫をしていく。これが配球のセオリーである。

良いバッテリーにはパターンがない⁉

「無くて七癖」と言われるように、知らず知らずのうちにパターンができてしまうことがある。打者に好きなコースや球種があるように、捕手にも好きなパターンや好きな配球のクセのようなものがあるのだ。その時に重要なことは、捕手本人がそのことをわかったうえで配球をしているのか、自分では気づかずに配球をしているのかである。私の経験上、捕手自身が自覚していることは非常に少ない。投手やコーチに注意されたり、指摘されることで自分のクセやパターンに気づくのだ。

どれだけ長くプレーを続け多くの経験を積んだ捕手でも、注意力が欠けたり、自分だけの思考に陥ってしまうことがあり、そのような場合に無意識でサインを出してしまう。そこに癖やパターンが出やすく、それは配球を教わった頃や考え始めた頃の基本に戻ってしまうことになるのではないだろうか。例えば「困った時はアウトコースのストレートか変化球」「インサイドに見せ球を投げた後は必ずアウトコースへ投げる」「ストレートでも変化球でもファウルにされると球種を変える」「2ストライク後は高い確率で高めのボール球を要求する」などのパターンだ。**クセやパターンは、先ほど述べた配球を覚えたての頃の**

思考や過去に打たれたことがベースになっており、「これを打たれたら仕方がない」といった考えから表れるのだと思う。

アウトコースの低めを苦手とする打者は多く、最も練習しないコースになる。そして打撃練習では基本的に打ちやすいコースに投げてもらう。それが「困ったら外」と言われる所以である。監督時代、アウトコースを打ちにいって凡打が増えたり、見逃しが多くなるなどアウトコースの投球にバットが届かなくなってきた打者に特打ちをしたことがある。アウトコースの低めに投げ、打撃フォームを修正したのだ。打者はストライクゾーンのずれや「長打を打ちたい！」という思いが強すぎると、打撃フォームのずれを作ってしまうことがある。一度や二度の特打ちではフォームのずれを直すことはできないが、フォームがずれているという意識を持たせることはできる。そして意識が持てればフォームを修正しやすくなるのだ。

人間が行うスポーツには完璧はなく、クセや動きには必ずパターンが生じるのは仕方がないことなのである。

投手の役割分担による配球の変化

現代の野球では先発、中継ぎ、抑えと大きく分けて3つの役割分担がある。そしてその中に「勝利の方程式と言われる勝ちパターン」や「同点や1点負けている時に使う投手陣」、「先発が早い回で打たれた時に投げるロングリリーフ」、「勝っている状況でピンチ時に左打者に対して投げるワンポイントの左投手」などがある。

近年は先発が完投する試合はチーム全体で年間20試合あれば良いほうで、これよりも少ない年が増えている。それほど投手陣の役割が明確になっているとも言えるが、「完投する能力がない」「1試合は完投できたとしても体力不足や故障の恐れがある」「勝ちパターンの投手を投げさせたほうが勝てる確率が高くなる」などの理由で代えてしまうことも多い。逆に先発を代えずに最後まで投げさせる理由としては、「体力的に余裕があって調子が良い時」や「点差があり2、3点取られても勝利が揺るがない時」「本人が続投を強く望んでいる時」などがある。しかし前述したように近年は先発投手が完投することは稀で、先発は6回投げたら自分の役割を果たしたと言える。そのため相手の打順が2回りした辺りで投手の交代を考える。

このような役割分担は、当然配球にも表れる。捕手は先発を何とか6回辺りまで投げさせようと考え、各打者を2回り(3回りになる打者もいる)打ち取ろうとする。そして6回以降は投手が代わるため配球も変わり、打ち取る確率が高くなる。これは決して捕手が楽になったわけではないが、配球に対する打者の意識づけをそこまで重視する必要がないと言える。そして3打席目以降はベンチの采配に掛かることになるのだ。近年、投手出身の監督が多くなった理由の一つに、「投手を代えるタイミングを良く知っている」ことがあるのかもしれない。

メジャーでは以前から投手の役割分担が明確になっていたが、日本でもチームが勝つための最善の方法として役割分担をするようになってきた。しかし**体力的な要素が低くなってしまうリスクがあり、それが投手の現役年数の減少に繋がらないかと心配している**。できれば「完投する能力はあるが、試合の状況に応じてやむを得ず代える」という選択がベストだと考える。理想の役割分担とは、投手の能力が変わるのではなく、選択肢が増えただけのことなのである。

複数の捕手で戦う現代野球の良し悪し

10年や20年経つと戦い方に変化が見られるようになる。一つは先ほど述べたように投手の役割が分担されベンチに入る投手数が増えたこと。もう一つはどの球団も優勝する可能性が出てきたことで勝ちにこだわった野球になってきたこと。そしてもう一つは複数の捕手を起用してシーズンを乗り切るチームが増えたことである。さらに「ユーティリティプレーヤーの重要性が増したこと」や「球団が組織化され、70人の枠以外に育成選手を採ることができること」「各球団の育成の能力が試されるようになったこと」などが挙げられる。これらの戦い方の変化のうち、複数人の捕手で戦うことについてのメリットとデメリットを述べたい。

メリットとして挙げられることは、一人ひとりの捕手の責任が多少は減ったことだ。そして出場試合数が減ることにより身体への負担が減ったことは確かである（選手たちは毎試合出場したいだろうが）。さらに打たれた時の精神的なダメージも多少は軽減されると思う。なぜなら次の出場試合までの時間が長くなったため、切り替える時間も増えたからだ。さらにある投手とコンビ的に組むことで、コミュニケーションやミーティングがやりやすくなる。それから対戦相手からすると、3連戦で毎試合捕手が代われば対捕手のミーティングや対策が増えることになるし、捕手が代わることで配球が読みにくくなるだろう。もちろんこれはシーズン序盤に限ったことであり、徐々に配球のクセやパターンがデータとして表れるようになるのだが。いずれにしても、複数人の捕手で戦うことで、このようなメリットが生まれる。

次にデメリットを考えたい。第2章で述べたように捕手には「扇の要」の要素が必要であり、助監督としてチームをまとめることも求められる。しかし毎試合捕手が代わることで、これらの役割を果たすことが難しくなる。また配球を磨くためには経験値が必要なことを考えると、出場試合が少ないことで得られる経験値が少なくなり、配球やリードの質に影響を及ぼすだろう。そして何度か述べたようにアウトコース一辺倒などクセやパターンが表れる配球になりやすい。打たれたにしろ抑えたにしろ、捕手としての経験値は、いざという時の危機察知能力になる。例えば「この球は危ない！」「ここは歩かせてもいいが打たせてはいけない」などのように、捕手としての勘が働くようにもなるのだ。ところが経験値が少なければ、危険を察知する能力が身につきにくくなる。

私が監督時代に行っていたことは、それぞれの捕手に役割を与えることだ。例えば1人

複数の捕手で戦うメリット・デメリット

【メリット】

・一人ひとりの捕手の責任が多少は減る
・出場試合数が減ることで身体への負担が減る
・打たれた時の精神的なダメージが多少は軽減される
・ある投手とコンビ的に組むことでコミュニケーションが取りやすい
・対戦相手にとっては対捕手の対策が増える
など

【デメリット】

・毎試合捕手が代わることで「扇の要」の役割を果たすことが難しい
・配球を磨くための経験値が少なくなる
・癖やパターンが表れる配球になりやすい
・危険を察知する能力が身につきにくい
など

はレギュラーでチームの扇の要、もう1人は若い選手に助言をしてくれるベテラン捕手、最後の1人は次世代のレギュラー候補の捕手かレギュラーの捕手にないものを持っている選手のような感じだ。

監督という立場からすると、複数人の捕手のうち1人は、シーズンを通してチームを守り抜く「扇の要」であってもらいたい。そのためには捕手に対する評価をもっと上げてもらいたい。捕手は他のポジション以上にいろいろな役割を果たし、守備の中心としてなくてはならないポジションである。チームにとっては、守りがしっかりしていることが何よりも大切なのである。

捕手のメンタルについて

配球に大きく影響する選手たちのメンタルには、「捕手のメンタル」「投手のメンタル」「打者のメンタル」の3つがある。またもう1つ作戦や交代の指示など「ベンチのメンタル」も試合に大きな影響を与える。ここからはそれぞれのメンタルについて述べていきたい。

捕手は最初に基本的な配球を教わるが、実際の試合では打たれることによって徐々に強気から弱気に変わり、アウトコースに偏った配球をしやすくなる。偏った配球になる原因は、自分の原点である「打者にとってアウトコース低めは目と身体から遠いコースであり打ちにくい」という考えに戻りやすくなるからだ。それからピンチになると勝負球（決め球）に頼ってしまうことも多い。本来は大切にしなければならない打者の特徴ではなく、投手の持ち球に頼ってしまうのだ。冷静でいられるようでいられないのが捕手であり、それが顕著に出やすいのが配球の偏りである。例えば試合の終盤でランナーが出るとアウトコースへの要求が多くなったり、失点できない状況では決め球に頼ってしまうといった場面である。さらに捕手のメンタルが悪くなるとパニックに陥り、判断能力がなくなってしまう。そうなると常に「打者にこのコースを狙われている」「この球種を待っているに違いない」などと考えてしまう。これは構えにも表れやすい。ボールゾーンばかりに構えるようになったり、構えが小さくなってしまうこともある。

一方で捕手のメンタルが強気の場合は、仕草や表情、ベンチに戻る時の躍動感が変わってくる。配球には偏りがなく、自信がみなぎったリードをし、ベンチに戻った際の投手への声掛けにも変化が出る。これは捕手の責任感によるものだと考えている。捕手に責任感があるほど、考えて悩んで工夫して、常に勝つための最善の方法を探しているものだ。そのため、思い通りに打者を抑えられている時に仕草や表情が変わることは致し方ないと思う。しかし理想としては、良い時も悪い時も変わらない仕草や表情でいてもらいたい。

私から態度の変化が見えるということは、投手や味方選手からも同じように見えているのだ。捕手として大事な要素の一つは、自分の心の中を人に見せないことである。それを周りの選手に出してしまっていては、相手チームにも見られているだろう。このことが相手に考えを見透かされることに繋がりかねない。**捕手のメンタルは試合を左右すると言っても過言ではない。だからこそ周りに心の中を見せることはしてもらいたくないのだ。**

投手のメンタルについて

投手のメンタルについてだが、**投手はとても繊細でありメンタル面は敏感すぎるほど敏感と言える。**そのため足にマメができただけでフォームを崩したり、打たれてしまうことがある。柔軟性がいつもよりもなくて身体が硬かったり、スムーズに動かないというだけでコントロールや球威がなくなってしまう。かく言う私もその一人だった。

メンタルを維持するために私が一番大切にしていたことは、1週間のルーティンだった。つまり、投げ終わってから次の登板までの1週間をどのように過ごすのかを大切にした。「投げた次の日には何をする」「登板2日後は何をチェックする」など、次回の登板までにすべきことをできるようにした。

ピッチングのタイミングやキャッチボールで遠投をするタイミング、変化球のチェックのタイミングなど、いろいろなタイミングが一人ひとり異なる。2つ3つのことを確認すれば大丈夫な投手もいれば、ランニングやキャッチボール、トレーニングなど全てをキッチリと行わなければコンディションが作れない投手もいる。いずれにしても1週間という時間を使ってそれぞれのやり方で調整をするのだが、マウンドに立って2、3回でノックアウトされてしまえばかなり落ち込み、回復までに何日もかかることもある。私もそのような経験を何度もしたからこそ、「良い時も悪い時も明日からの1週間の過ごし方が大事」と考えて実践し、チームの投手に声を掛けていた。結局のところ、常に前を向き、終わったことは反省して研究し、それを次の試合で試すことが大事である。

いずれにしても投手はとても繊細な選手がほとんどであり、だからこそ**捕手は配球で自分の意図がはっきりと投手に伝わるようにリードをする必要がある。**捕手の身振り手振り、そして表情を見ることで投手は「この捕手を信じて投げればいい！」と思えるものだ。そして冷静になれたり、思い切り腕を振ることができる。もちろん投手が全てを捕手に委ねたり任せたりすることは良いことではない。投手も自分の意思を伝えるために首を振ることも必要になる。ベンチに戻ってからのコミュニケーションも大事であり、次に備えた前向きな話も必要になる。

「打者は受身」と表現する人がいるが、それでは「バッテリーは常に攻め手」なのだろうか？　私はそうは思わない。配球に見せ球や誘い球がある理由は、バッテリーに確信がなく、相手の様子を見たい時に投げるボールが必要だからだ。時には失点を防ぐために四球を出すこともある（バッテリーの判断だけでなく、ベンチの判断に従うケースもあるが）。

そのように考えると、バッテリーは常に攻め手ではなく、守ることを考えた配球もあるのだ。

「守ることを考えた配球」とは四球だけでなく、打者の調子が良かったり、投手の調子が悪い時も当てはまる場合がある。例えば四球で歩かせることができればよいが、勝負をしなくてはならないケースもある。その際に「打たれたとしてもシングルヒットはＯＫ」と、割り切って投げるのは守りを考えた配球であり、バッテリーは低めやアウトコース中心の配球になってしまう。投手の調子が悪いとコントロールや球威がない。その状態で「攻めの投球をしろ！」と言われても攻めの投球ができないのが投手のメンタルである。捕手はそのメンタルを理解しながら、一方では打者をどのようにして凡打に抑えるかを考える必要がある。いろいろな工夫をしながら試合を作っていくためには、多くの要素が捕手の配球とリードにかかっている。そしてさらに重要になるのがベンチの対応である。ベンチについてはまた後ほど述べることにする。

打者のメンタルについて

シーズンを通して常に調子が良い打者はほとんどいない。打者にもよるが春先に調子を上げる選手や、シーズン初めは低調気味だが暖かくなると調子が上がってくる選手などがおり、何かしらのコンディションの変動がある場合が普通である。そのため打者の調子が上がる時期や良くない時期を頭に入れておけば、ある程度対応することができるだろう。基本的に打者の得意な球種やコースは同じであり、シーズンによって変わることはほとんどない。変わるとすれば対応能力やデータから見える配球による狙い球、カウント別の待ち方だろう。

打者のそのような変化に対してバッテリーは、打者の「狙い」や「待ち」をどのようにして狂わせるのかを考える。どのようにして凡打で抑えたり、三振に切って取るのかを考えると、配球の「意識させる球」によって打者の対応能力が変わってくる。例えばインサイドを意識させると、打者によっては「また来る！」「まだ続けるのか?!」などと考えてインサイドを狙う。そうなると打者の身体の反応がインサイドに偏ることになり、アウトコースに手を出すことはほとんどなくなる。逆に狙っているインサイドは打とうとするゾーンが広がり、少々のボール球でも手を出すことが多い。その結果ファウルになったり、空振りをしたりもする。「絶対に打ってやる」という思いが強くなれば力みに繋がり、フォームが崩れたり、反応が早くなりすぎて打ち損じる可能性が高くなる。「調子が良い時のフォームで打たせないようにする」ためには、意識させる球を投じることで意識を芽生えさせ、力みに繋げ、フォームを崩すことを狙う。そうすることで打ち取れたり、調子を落とすきっかけを作ったり、考えさせることでバットの出を一瞬遅らせることもできる。

また打者のメンタルは「強い球には強いスイングで」と考えたり、インサイドを攻め続けると「何としてでもその球を打とう」と意識をするものだ。そのような考えや意識を持たせることができれば、逆の球種やコースで打ち取りやすくなるが、そうすると打者はまた考える。その結果フォームが崩れていくと、ストライクゾーンに変化が現れる。

意識させる球を投じ、ストライクゾーンに変化をもたらすことができれば、打者の冷静さや狙いを狂わせることができ、本来打てるはずの球種やコースに対しても打ち損じる確率が高くなる。

このように打者を知れば知るほど、「どのようにすれば崩れやすいのか」が見えるようになる。打者のメンタルが見えるのだ。

ベンチのメンタルについて

現代の野球において投手陣は役割分担、つまり分業制になっており、状況やケースに応じた投手交代のタイミングが重要視されてきた。6回頃になればピンチ時に誰をマウンドに送るのかを考えるようになり、そのことが捕手の負担の軽減に繋がっているだろう。なぜなら6回頃、先発投手の球威やコントロールにわずかでも変化が生じれば、捕手は「見せ球」や「誘い球」を余分に使う必要が出てきてしまい、打ち取るために球数を使うようになるからだ。そして球数を使えばさらに投手は疲労し、球威やコントロールがより落ちることで失点に繋がるリスクも上がってしまう。そのような事態になる前に投手を交代できるか否かで勝敗が決まってしまうケースは少なくない。

では**投手交代のタイミングだが、それを見極めるためにはベンチも「投手の良し悪し」を知る方法を持ち、「配球の良し悪し」を見極める術を持つ必要がある。**投手には必ず、調子が良い時と悪い時で投げるボールに違いが出る。ある投手はスライダーのコントロールで良し悪しを見極め、ある投手はカーブのキレで調子を探り、ある投手はストレートの走りを基準にする。そしてどの投手も「どの球でカウントが取れているのか？」「凡打にできているのか？」を見る。また調子というのは試合が進む中で変化する。そのことを見極めるためには、「序盤はカウントが取れていたがイニングが進むと前に打球が飛ぶようになった」「凡打していた球種がヒットを打たれるようになった」「空振りが取れていたのにヒットや長打になっている」などの変化を感じるようにする。

さて「どこで投手を交代させるか？」についてはその試合の状況によっても異なるが、**私の場合は先ほど述べた「ボールの変化」や「コントロールの乱れ」、「投球フォームの変化」を見るようにしていた。そして「この投手はフォームのここの動きが悪くなったら交代しよう」と決めていた。**同時に投手のフォームや投じる球に変化が見えた場合には、ボールを受けている捕手にどのように感じているのかを聞くこともあった。そのようにして自分の感じた変化と捕手が感じていることを擦り合わせ、交代のタイミングを見つけながら自分の見る目を養っていた。

現代の野球においては、ベンチの采配やメンタルが配球やリードにも影響する。そのためベンチとバッテリーの協力関係なくしては、チームが勝つことも勝ち続けることもできなくなっている。戦っている選手たちだけでなく、ベンチのメンタルも重要で、配球やリード、投手の変化に敏感でなくてはならないのだ。

おわりに

配球を知れば知るほど、経験すればするほど、野球の楽しさや奥深さが理解できます。そうなれば「もっと知りたい」と思えるのではないでしょうか。そうした行動が自信を持ってサインやリードをすることに繋がると考えています。それによって生まれる打者との攻防がハイレベルになるほど、選手たちも見ている人たちもさらなる野球の面白さに出会えると思います。そうした攻防を見ることで配球に興味を持ち、実践していってくれる選手たちが増えることを楽しみにしています。

日本の野球が持つ良さがあります。アメリカのベースボールのようにはなってほしくないと思います。それはつまり、「力と力のぶつかり合い」ではなく、日本独自で培ってきた「日本人だからこそ理解し応用する能力」を活かすということです。体格的に海外選手よりも劣る日本人だからこそ、日本ならではの技術を身につけ、その結果として配球が生まれたと思います。もちろんベースボールにも配球はあるでしょうが、未だに投手が投げたい球を投げているという現実があります。

近年アメリカでは「フレーミング技術」という技術がありますが、日本には昔から「キャッチング技術」がありました。またベースボールでは近年は大きな曲がりのカーブと呼びますが、日本では昔からドロップボールという球種がありました。配球を伝える人がいなくなれば、このような日本独自の技術が失われ、ベースボール化してしまうことを危惧しています。速い球はいずれ遅くなります。そうなってからコントロールや配球を覚えても手遅れです。そうならないためにも、日本独自の配球やリードをもう一度考えてもらえたらと思います。

野村克也氏が捕手の役割やその重要性にスポットを当てたことにより、配球やリードが広く知られるようになりました。そして多くの選手が配球やリードを当たり前のことと捉え、より深く考えることで進化しています。本書を執筆するにあたり、野村氏が書かれた書籍を読んだ日のことを鮮明に思い出しました。日本の野球に大きく貢献された野村克也氏に、改めて敬意を表し感謝を申し上げたいと思います。

長くなりましたが、本書は私が現役時代や監督として学んできた配球やリードをまとめたものです。私の考えをお読みいただき、感じていただき、さらに野球における守りの大切さを知っていただけたら幸いです。

工藤公康

工藤公康（くどう きみやす）
1963年愛知県生まれ。1982年名古屋電気高校（現：愛工大名電高校）を卒業後、西武ライオンズに入団。以降、福岡ダイエーホークス、読売ジャイアンツ、横浜ベイスターズなどに在籍し、現役中に14度のリーグ優勝、11度の日本一に輝き優勝請負人と呼ばれる。実働29年プロ野球選手としてマウンドに立ち続け、2011年正式に引退を表明。2015年から福岡ソフトバンクホークスの監督に就任。2021年退任までの７年間に5度の日本シリーズを制覇。最優秀選手（MVP）2回、最優秀防御率４回、最高勝率４回など数多くのタイトルに輝き、通算224勝を挙げる。正力松太郎賞を歴代最多に並ぶ5回、2016年には野球殿堂入りを果たす。2020年監督在任中ながら筑波大学大学院人間総合科学研究科体育学専攻を修了。体育学修士取得。2022年4月より同大学院博士課程に進学、スポーツ医学博士取得に向け研究や検診活動を行っている。

企画・編集・構成　佐藤紀隆（株式会社Ski-est）
稲見紫織（株式会社Ski-est）

カバーデザイン　三國創市（株式会社多聞堂）

本文DTP　沖増岳二

撮影　稲治 毅

工藤公康 配球とは

2023年5月8日　第1版第1刷発行

著　者　工　藤　公　康
発行者　岡　修　平
発行所　株式会社ＰＨＰエディターズ・グループ
〒135-0061　江東区豊洲5-6-52
☎03-6204-2931
http://www.peg.co.jp/

発売元　株式会社ＰＨＰ研究所
東京本部　〒135-8137　江東区豊洲5-6-52
普及部　☎03-3520-9630
京都本部　〒601-8411　京都市南区西九条北ノ内町11
PHP INTERFACE　https://www.php.co.jp/

印刷所
製本所　図書印刷株式会社

ISBN978-4-569-85440-3